Prof. Docteur François JEHLICKA

Une Étape
du
Calvaire Slovaque

LE PROCÈS TUKA
(1929-1930)

*Quid valent testimonia, quae
extorquet equuleus, eliciunt
verbera, cogunt minae ?*

CICÉRON.

ÉDITIONS **ARGO**

PARIS

Une Etape
du Calvaire Slovaque

Le Procès Tuka

(1929-1930)

DU MEME AUTEUR

1. *Le socialisme et la religion. Trnava (Tché co-Slovaquie). Vojtech. 1913.*

2. *Le droit moderne civique et la morale catholique. 1913.*

3. *Le meliorisme social. 1916.*

4. *Complete Graded Catechism. New-York, 1924. Sadlier.*

5. *De peccato philosophico. Varsovie, 1925. (Polak-Katolik).*

6. *La théologie et la science. Varsovie, 1925. (Polak-Katolik).*

Prof. Docteur François JEHLICKA

———

Une Étape du
Calvaire Slovaque

LE PROCÈS TUKA

(1929 - 1930)

———

Quid valent testimonia, quae extorquet equuleus, eliciunt verbera, cogunt minae?

Cicéron.

NOTE

Dans la présente brochure, j'ai cité les paroles prononcées par les personnages qui ont figuré au procès d'après les notes sténographiques textuellement reproduites par le journal *Slovak*. Le *Slovak* ayant été, au cours de tout le procès, soumis à la censure la plus sévère, tout ce qui a pu être publié par ce journal doit être considéré comme parfaitement authentique.

L'Auteur.

INTRODUCTION

I. — LE SÉPARATISME SLOVAQUE ET L'AUTONOMISME SLOVAQUE

Le 5 octobre 1929, le Tribunal de district de Bratislava (Presbourg) a condamné le docteur Vojtech Tuka à 15 années de travaux forcés, Antoine Snaczky à 5 années de la même peine, et il a acquitté le troisième prévenu, Alexandre Mach.

L'accusation formulée contre les trois prévenus était d'avoir voulu arracher la Slovaquie à la Tchécoslovaquie.

Le verdict est, comme nous le voyons, draconien. En particulier, dans le cas de M. Tuka, ce verdict équivaut à une condamnation à mort. L'organe principal des autonomistes slovaques, le *Slovak*, écrit très justement, le 8 octobre: « Le docteur Tuka, qui a cinquante ans et une santé chancelante, a été condamné à quinze ans. Cela revient à dire qu'on a condamné le docteur Tuka à mort ».

Puisque les prévenus étaient accusés de « séparatisme », il nous faut tout d'abord éclaircir cette question. Il convient en effet de faire une profonde distinction entre le *séparatisme* slovaque, et *l'autonomisme*.

Oui, il existe des séparatistes slovaques, et nous, les émigrés politiques slovaques, dont je suis, nous proclamons le séparatisme le plus radical. Nous sommes en mesure de prouver la justesse de notre point de vue. Nous sommes en effet convaincus que tous les malheurs qui accablent notre patrie slovaque découlent automatiquement du fait que la conférence de la paix de 1918 a, grâce aux intrigues de la diplomatie tchèque, décidé d'annexer la Slovaquie à la Bohême.

On a ainsi arraché la Slovaquie à l'unité géographique à laquelle elle appartient, à la Grande Plaine Hongroise, pour la rattacher à une autre unité géographique, à laquelle elle n'appartient pas, la plaine tchèque. De ce fait découlent nécessairement d'innombrables difficultés au point de vue des communications, du commerce et de l'administration.

En second lieu: Pendant des siècles des travailleurs slovaques descendaient régulièrement, par centaines de mille, vers les plaines hongroises, dans les villes, dans les usines et les mines, et y trouvaient à gagner largement leur vie. Notre peuple aujourd'hui est privé de cette ressource, car les Tchèques n'autorisent pas et n'autoriseront jamais notre population à se rendre en Hongrie où elle pourrait être infectée d'idées irrédentistes. Les conséquences *nécessaires* de cet état de choses sont le *chômage* et l'émigration. Notre peuple, ne pouvant aller chercher son pain dans la plaine hongroise, est forcé actuellement de s'en aller au loin, en Argentine, à Honolulu, au Canada, en Australie.

En troisième lieu: La Hongrie d'avant-guerre, afin de se rendre industriellement indépendante de l'Autriche, avait fortement développé sa propre industrie, et il la développait surtout en Slovaquie où existaient toutes les conditions favorables à l'industrialisation. L'Etat soutenait l'industrie de la Hongrie septentrionale, et, comme conséquence, notre peuple trouvait sur place d'abondantes occasions de travail. Cette situation s'est totalement renversée depuis 1918. Les Tchèques ont eux-mêmes plus d'usines qu'il n'en faut pour toute la Tchécoslovaquie, et pour cette raison, ils ont détruit, comme superflue, l'industrie de la Slovaquie. Aussi a-t-on pu voir le chômage s'accroître dans d'énormes proportions, et, au cours des dix dernières années, plus de deux cent cinquante mille Slovaques ont dû quitter leur patrie. La ruine de l'industrie slovaque a été ainsi, comme nous l'avons vu, également une conséquence *nécessaire* de l'union de la Slovaquie avec la Bohême.

En quatrième lieu: La Slovaquie, même arrachée à la Hongrie, aurait pu cependant faire vivre sa propre population, tant bien que mal; mais maintenant, elle doit encore entretenir, par centaines de mille, tous les immigrés tchèques. Et c'est encore une conséquence *nécessaire* de l'union. La Bohème a été, en effet, avant la guerre, après la Belgique, l'Etat européen dont la population était la plus dense. La Belgique pouvait aisément remédier à son excès de population, car elle avait des colonies. Mais où la Bohème peut-elle placer ses excédents, aussi bien celui qui existe en Bohème même que ceux qui refluent d'Autriche et du reste de l'Europe, si ce n'est en Slovaquie? La Bohème ne possède qu'une seule colonie, et cette colonie, c'est notre malheureuse patrie slovaque. De là est née une âpre lutte pour la vie, dans laquelle naturellement le Slovaque, plus faible et plus modeste, fut vaincu. Les Tchèques inondent la Slovaquie en masses compactes. On peut dire qu'autant de Tchèques sont venus chez nous, autant de Slovaques ont été forcés d'émigrer. A Kosice (Kassa), il n'y avait pas un seul Tchèque avant la guerre: les statistiques officielles y relèvent actuellement 12.000 familles tchèques. Cet afflux de Tchèques serait un malheur et une catastrophe, même si ces gens n'étaient pas égoïstes et brutaux, parce que les pauvres Slovaques sont incapables de faire vivre une pareille masse d'émigrés; mais les Tchèques sont égoïstes et brutaux, et accaparent pour eux tout ce qu'ils trouvent. L'historien polonais Gallus, au XI° siècle, les représente comme « de grands et rusés voleurs, pillards par tempérament » (« *Bohemi sunt magni et subtiles fures, naturaliter rapaces* »).

Au milieu de cette ruine économique, les Slovaques trouveraient une certaine consolation s'ils pouvaient se dire qu'au moins leur langue et leur nationalité ont gagné quelque chose par l'Union. Mais, là encore, une cruelle déception leur était réservée. Sur le papier, les Tchèques nous ont déjà rayés du nombre des nations: la statistique officielle tchèque ne connaît point de nation slovaque, et la Constitution de l'Etat tchécoslovaque ne la connaît pas davantage. Afin de rendre la réalité semblable à ce qui existe sur le papier, les Tchèques font l'impossible pour étouffer la langue slovaque et pour transformer les Slovaques en Tchèques. Et cette oppression linguistique, est, elle aussi, une conséquence *nécessaire* de l'union tchécoslovaque. Voici pourquoi.

Les Tchèques se sont mis dans la tête que Tchèques et Slovaques formaient une seule nation, et maintenant, ils tentent de nous fondre en une nation unique. Ils ont commencé par appeler les Slovaques des « Tchécoslovaques » en attendant d'en faire des Tchèques pur-sang.

En second lieu: Lorsque les diplomates tchèques, à la Conférence de paix de Paris, ont demandé la Slovaquie, ils ne purent appuyer leur prétention sur les « droits historiques », car la Slovaquie n'a jamais fait partie de l'Etat tchèque; ils ne purent pas non plus invoquer la *volonté* de notre peuple, car personne n'a jamais consulté notre peuple sur la question de l'union, on n'a jamais fait de plébiscite en Slovaquie. Comme pourtant ils avaient besoin d'un « titre » quelconque, ils inventèrent la théorie de « la nation tchéco-slovaque homogène ». Et cette théorie est l'unique titre qu'ils aient à la possession de la Slovaquie. En conséquence, tant que les Slovaques garderont leur caractère national particulier, il sera toujours possible de nier la réalité de ce titre, de prouver que l'Etat tchécoslovaque est fondé *sur un mensonge*, et que les Tchèques ne sont, par conséquent, en Slovaquie, que des étrangers et des envahisseurs. Pour cette raison, les Tchèques sont *obligés de tchéquiser les Slovaques*, le lion de Bohême est forcé de manger la brebis slovaque!

En troisième lieu: Pour que les Tchèques puissent continuer à exercer leur hégémonie dans tout l'Etat tchécoslovaque, ils doivent tout au moins pouvoir invoquer le fait qu'ils y sont *en majorité*. Or, cela n'est possible que si Tchèques et Slovaques sont comptés pour une seule nation, car, sans les Slovaques, les Tchèques ne sont qu'une minorité, et leur nombre, même avec les Moraves tchéquisés, ne dépasse pas six millions, contre sept millions d'éléments non-tchèques. Si donc les Slovaques restent des Slovaques, on pourra toujours dire que les Tchèques, étant une minorité, n'ont aucun droit à l'hégémonie dans l'Etat. Les Tchèques doivent ainsi poursuivre la fusion de la nation slovaque, pour pouvoir prouver au monde qu'ils ont la majorité dans leur propre Etat. Le processus que nous observons depuis 1918 dans nos écoles, dans l'armée et dans l'administration, c'est-à-dire la tchéquisation systématique, l'exclusion et l'étouffement de la langue slovaque, *est encore une conséquence nécessaire de l'union tchécoslovaque.*

De là découle aussi logiquement la troisième des plaintes principales des Slovaques, à savoir que les Tchèques, outre leur pain et leur langue, leur volent aussi leur religion et leur moralité. Il ne saurait en être autrement dans l'Union tchécoslovaque. A Prague, on a décidé de détruire l'individualité nationale et les caractères particuliers des Slovaques. Dans ce but, on a créé à Bratislava une Université tchèque dont la tâche est précisément de travailler à cette dénationalisation avec des moyens scientifiques. Les professeurs de cette Université, notamment Prasak et Chaloupecky, inondent littéralement le pays de livres où ils cherchent à persuader aux naïfs Slovaques qu'en réalité ils ne sont pas des Slovaques mais des Tchèques, et qu'ils doivent se débarrasser au plus vite de ce qu'ils ont pu conserver encore de caractère slovaque. Le professeur Prasak a écrit un livre sur « le particularisme slovaque », dans lequel il démontre que la caractéristique la plus originale et la plus marquante des Slovaques est « leur attachement à la foi des ancêtres ». « C'est là, écrit-il, la différence essentielle entre Tchèques et Slovaques, et c'est là la racine du conflit tchéco-slovaque ». C'est pourquoi il proclame que les Slovaques aussi doivent *marcher dans la voie du progrès*, qu'ils doivent abandonner leur église et se réformer. Et c'est ce travail qui se poursuit avec le plus grand zèle, dans nos écoles surtout, où les instituteurs tchèques arrachent du cœur de nos enfants les sentiments religieux que les parents y ont plantés. On peut même dire qu'il se poursuit en Slovaquie une démoralisation systématique, et que les Tchèques ont transformé ce pays, — comme l'a dit au Parlement de Prague le député slovaque Joseph Sivak, — en une véritable Sodome et Gomorrhe.

Nous avons donc vu, tout au moins dans les grandes lignes, que tous les malheurs de la Slovaquie découlent *nécessairement du fait seul* de l'union avec les Tchèques. Sans leur méchanceté native, ce serait déjà une amertume pour nous que de vivre avec eux; nous sommes d'autant plus malheureux qu'on nous ait, à Paris, réunis à un peuple méchant, fourbe, égoïste et cruel.

Si donc nos malheurs proviennent nécessairement du fait même de l'union, il va de soi que c'est seulement la séparation pure et simple, la rupture de la communauté d'Etat qui peut y porter remède. L'union étant la cause du malaise, la séparation seule peut guérir ce malaise. Et c'est notre point de vue.

En face de ce point de vue se dresse celui de l'autonomisme slovaque, dont le protagoniste est le Parti Populaire Slovaque, le parti de M. Hlinka, parti auquel appartient aussi le docteur Tuka. Ce parti cherche à conquérir une certaine forme de *self-government* pour la nation slovaque, mais ce, *dans les cadres de l'Etat tchécoslovaque.* Il ne s'agit donc point de séparation. Il ne s'agit pas d'arracher la Slovaquie à la Bohême. Et, n'étant pas une séparation, ce n'est pas non plus un remède. Tout au plus pourrait-on appeler cela un *séparatisme partiel,* qui ne saurait être, en conséquence, qu'un remède *partiel* aussi aux malheurs de la Slovaquie. Il est clair, en effet, que l'autonomie, même si elle était accordée par les Tchèques, ne ferait point cesser les causes essentielles du mal. Elle ne corrigerait pas une situation géographique antinaturelle. Elle n'ouvrirait pas à nos travailleurs les portes de la Plaine Hongroise. Elle ne ferait pas se rouvrir nos usines fermées. Elle ne chasserait même pas de notre terre les Tchèques immigrés: car où mettrait-on tous ces Tchèques qui sont, de Transmoravie, venus envahir la Slovaquie, qui s'y sont établis et y ont fait fortune? Leur chiffre atteint plusieurs centaines de mille. Et c'est pour cette raison que les Tchèques ne veulent pas entendre parler de l'autonomie de la Slovaquie et de la Ruthénie, et poursuivent par le fer et par le feu les tendances autonomistes.

Que l'autonomie ne guérirait point les maux de la Slovaquie, c'est ce que le président Masaryk lui-même a, d'intéressante façon, expliqué à un brave Slovaque d'Amérique, Joseph Macko, venu visiter sa mère-patrie, et qui avait voulu aussi rendre visite à Prague au président de la République.

On interrogea le brave homme dans l'antichambre présidentielle:

— Qui êtes-vous?

— Un Slovaque.

— D'où?

— D'Amérique.

— Et que désirez-vous?

— Je voudrais dire à Monsieur Masaryk que le temps est venu de donner aux Slovaques la dixième partie au moins de la liberté dont jouissent les Tchèques.

Après des paroles aussi sincères, il va de soi que le pauvre Slovaque ne fut pas admis chez Masaryk. Mais, quelques jours plus tard, le Président lui fit écrire, par Mademoiselle Anna Gasparik, sa secrétaire, une lettre dans laquelle il exprimait l'avis suivant:

« *De méchantes gens* parlent comme d'un miracle de l'autonomie et de la Convention de Pittsbourg. Ces gens disent qu'une fois l'autonomie réalisée, comme par un coup de baguette magique, tout changerait et deviendrait parfait: les impôts seraient diminués, tout le monde aurait du travail, les Slovaques obtiendraient des emplois publics, personne ne volerait, n'exploiterait plus le peuple. Mais la vérité et la réalité sont tout autres ». (« *Jednota* » du 17 Juillet 1929).

Ce point de vue a été très brutalement défini, au procès Tuka, par un témoin, M. Koren, qui a dit: « L'autonomie est une blague ».

Nous devons donc nous souvenir toujours que le procès de Tuka a été *le procès de cette tendance autonomiste*. Tuka, Snaczky, Mach, sont les héros et les représentants caractéristiques de l'autonomisme slovaque. Tuka est membre du parti autonomiste de Hlinka. C'est lui qui a dit, dans sa défense: « Le 26 août Hlinka est venu ici, et a déclaré que c'est l'idée autonomiste slovaque qui est ici au banc des prévenus ».

II. LES PRODROMES DU PROCÈS

Les prodromes du procès sont bien connus. La campagne contre M. Tuka a commencé lorsqu'il a écrit dans l'organe de son parti, le *Slovak*, le 1ᵉʳ janvier 1928, son fameux article intitulé « Vacuum Juris ». Dans cet article, il a démontré que la Déclaration de Turciansky St. Martin de 1918, par laquelle une fraction des politiciens slovaques, sans aucun mandat du peuple les y autorisant, a proclamé l'union de la Slovaquie avec la Bohême, *possède une annexe*. Par cette annexe, il est dit que *l'union tchécoslovaque n'est conclue que pour dix ans*, et qu'à l'expiration de cette période, *les relations entre Slovaques et Tchèques seront soumis à un nouvel examen et à un nouveau règlement*. De ce fait, Tuka a tiré cette conclusion que, si ce nouvel examen et si ce nouveau règlement n'avaient pas été effectués à la date du 30 octobre 1928, il existerait alors en Slovaquie une situation « hors la loi », — vacuum juris, — en vertu de laquelle la possession de ce pays par les Tchèques cesserait d'être juridique et deviendrait une simple possession « de fait ».

En raison de cet article, Tuka fut violemment pris à partie par la presse tchèque et tchécophile, et, dans cette campagne, ce furent surtout Hodza, Ivanka et Dérer, les coryphées du tchéquisme en Slovaquie, qui se distinguèrent. A la suite de ces attaques, le parti auquel appartient Tuka décida d'instruire dans son propre sein les accusations portées contre lui. Mais la Commission d'enquête déclara les accusations dénuées de fondement. Cependant, le secret de cette instruction ne fut pas gardé, et il se trouva dans le parti des indiscrets et même des traîtres qui en firent passer certains éléments aux mains de l'ennemi. Bientôt, les accusations contre Tuka sont portées à la tribune parlementaire; en conséquence, le Parlement suspend l'immunité de Tuka, et le procureur d'Etat de Bratislava décide de le poursuivre. Pourtant, quand, le 2 janvier 1929, des inspecteurs viennent prendre Tuka chez lui, et, après plusieurs heures d'interrogatoire, le mettent en état d'arrestation, c'est une stupeur dans tout le pays slovaque.

L'instruction dura des mois contre Tuka et ses « complices ». Cette instruction, débordant de Presbourg, s'étendit à toute la Slovaquie. Bon nombre de gens furent emprisonnés, des perquisitions eurent lieu dans d'innombrables maisons, et même dans des monastères. Certaines des accusations formulées contre Tuka remontaient déjà à plusieurs années; elles étaient de notoriété publique dans les milieux politiques, et n'avaient point empêché son parti, le parti Hlinka, d'entrer en 1927 dans le gouvernement de coalition de Prague. Le parti et surtout son chef Hlinka, prirent à plusieurs reprises Tuka sous leur protection, proclamant publiquement son innocence, et s'affirmant solidaires avec lui : c'est ainsi que le parti offrit de déposer 300.000 couronnes pendant l'instruction afin d'obtenir la mise en liberté sous caution, mais cela fut refusé par le juge d'instruction. Seuls les complices de Tuka restèrent pendant toute l'instruction prévenus libres, leurs amis ayant déposé caution pour eux.

Le principal prévenu, docteur Vojtech Tuka, est âgé de 50 ans, né à Stiavnica, ancien professeur d'Université, député, et vice-président du parti de Hlinka; à ses côtés, Antoine Snaczky, âgé de 34 ans, rédacteur d'un journal autonomiste, et Alexandre Mach, âgé de 27 ans seulement, secrétaire d'une des sections provinciales du parti Hlinka.

Le président du tribunal est un Hongrois, le Conseiller à la Cour Terebessy. Ses assesseurs sont tchèques: les docteurs Havle, Mazal et Necid. Tchèque aussi le procureur d'Etat, docteur Boricky.

La défense de Tuka est assurée par les docteurs Galla et Halik, celle de Snaczky par le docteur Zoltan Weichherz, celle de Mach par le docteur Ottlyk.

L'acte d'accusation comptait 54 pages dactylographiées, et au cours du procès, environ deux cents témoins furent interrogés.

Les audiences commencèrent le 29 juillet 1929, et le verdict fut prononcé le 5 octobre.

CHAPITRE PREMIER

SIGNIFICATION ET TENDANCE POLITIQUE DU PROCÈS

I. LES TCHÈQUES CHERCHENT A COMPROMETTRE LA HONGRIE

Tout le monde sait que Prague profite de la moindre occasion pour accuser la Hongrie, — qui exige la révision des traités de paix, mais ne cherche à obtenir ce résultat que par des moyens pacifiques, — d'être une constante menace pour la paix de l'Europe centrale. A cet égard, le procès Tuka fut aussi une occasion bienvenue, dont à tout prix on tenta de forger une arme contre la Hongrie. Pour ce faire, on qualifia l'autonomisme slovaque d' « irrédentisme hongrois », et l'on présenta Tuka comme l'homme-lige et l'agent des

Hongrois. Tuka lui-même a constaté ce fait dans sa défense:

— Qui est accusé ici, et de quoi? L'accusation a amené à la barre une figure de femme (l'autonomie slovaque) qu'elle a habillée d'un costume hongrois, et ornée de rubans hongrois. L'accusation a dit: « C'est l'irrédentisme hongrois! »

Nous lisons d'autre part dans l'acte d'accusation:

« La Hongrie qui, par suite de la guerre mondiale, a perdu une notable partie de son territoire, ne s'est pas résignée à cet état de choses, et travaille par tous les moyens à récupérer ses anciennes possessions, notamment la Slovaquie ».

Et l'acte d'accusation poursuit, en accusant Tuka de s'être mis au service de l'irrédentisme hongrois.

Le procureur Boricky développe d'ailleurs longuement cette idée dans son réquisitoire:

« Quels sont, dit-il, les buts de la propagande irrédentiste hongroise? Rétablir l'ancien état de choses, refaire la Hongrie d'avant-guerre, donc réannexer à la Hongrie la Slovaquie et la Ruthénie.

« Cherchant à rétablir cet ancien état de choses, ainsi que son ancienne puissance, la Hongrie a organisé un irrédentisme, dont l'irrédentisme qui se montre chez nous est une des conséquences. Depuis les bancs de l'école primaire, la Hongrie élève toute sa population dans l'idée contenue dans ces mots: « Non, non, jamais! » En toute occasion, on fait prêter aux gens serment à la Grande Hongrie future. D'ailleurs, la politique officielle hongroise s'est mise entièrement au service de l'irrédentisme, et récemment le régent Horthy a déclaré que jamais la Hongrie ne renoncerait à ses prétentions sur la Slovaquie. Au service de ce travail d'irrédentisme, la Hongrie a réussi à mettre un certain nombre de renégats [car celui qui s'affirme « Slovaque » seulement, et non « Tchécoslovaque » est déjà, aux yeux des Tchèques, un renégat] comme Jehlicka, Dvortchak, Unger, Pazurik, et en Slovaquie le docteur Tuka ».

Ensuite, le procureur tchèque explique de quelle façon l'irrédentisme magyaro-slovaque entend détruire l'État tchécoslovaque:

« La première étape, c'est la restitution à la Hongrie des territoires habités par les Magyars. La seconde étape, c'est l'autonomie de la Russie subcarpathique, afin que la propagande hongroise puisse s'y exercer plus librement. En même temps que l'autonomie de la Russie subcarpathique, il faudra réaliser la frontière commune polono-hongroise. La troisième étape serait celle de l'autonomie slovaque, qui servirait de transition à la désannexion de la Slovaquie et à sa réannexion à la Hongrie ».

Ces accusations contre la Hongrie ne pouvaient pas ne pas se retrouver dans les attendus du jugement. Mais, comme ils ne contiennent aucune idée nouvelle, nous les passerons sous silence.

Contre cette insolente calomnie tchèque, la presse hongroise a protesté à bon droit. A cette proposition, nous, les Slovaques, voulons encore ajouter la nôtre, car la calomnie des Tchèques nous atteint également. Et non seulement nous protestons contre cette calomnie, mais encore nous en démontrons le caractère mensonger, nous en mettons en lumière les perfides racines, et nous en découvrons la tendance.

Il est nécessaire de jeter un coup d'œil en arrière, afin de prouver que les Tchèques ont constamment cherché à mettre au compte des Hongrois toutes les tendances et tous les mouvements des Slovaques en vue de conquérir leur indépendance. Chaque fois que les Tchèques ont pris les Slovaques dans leurs filets et que les Slovaques ont tenté de s'en évader, les Tchèques ont toujours lancé la même calomnie: influence hongroise, inspiration hongroise, intrigues hongroises!

Ce qui a toujours ennuyé les Tchèques, c'est d'être une si petite nation. Masaryk lui-même l'avoue, dans son ouvrage intitulé « *The Making of a State* » (p. 29), lorsqu'il dit: « I, like the leaders of our national revival, had been tormented by the problem of our being so small a nation ». C'est pour cette raison qu'ils ont constamment tourné les yeux vers les Slovaques voisins, qu'ils voulaient manger, pour s'engraisser à leurs dépens.

La première invasion tchèque en Slovaquie fut celle de la langue, lorsque la langue littéraire tchèque fit irruption chez nous et tenta d'y prendre racine. Au cours du XVIIIe siècle, partout en Europe, on a assisté à une résurrection de l'esprit national. Partout, on s'est mis à perfectionner la langue populaire afin d'en faire une langue littéraire. Et là, les Tchèques ont, quelque peu, devancé les Slovaques. C'est ce « battement » qu'ils ont mis à profit pour tâcher d'imposer leur langue à la Slovaquie. Ils ont inondé la Slovaquie de leurs livres, et leurs Hussites ont déployé une puissante propagande en faveur de l'unité linguistique tchécoslovaque. Leurs efforts furent partiellement couronnés de succès, car les luthériens slovaques, n'ayant pas de Saintes Ecritures en langue slovaque, acceptèrent la Bible tchèque, et même firent du tchèque leur langue liturgique. Mais bientôt, les Slovaques à leur tour virent s'éveiller leur esprit national, surtout les Slovaques catholiques qui, formant les 80 % environ de la nation, déclarèrent la guerre à l'invasion linguistique tchèque. Bernolak, Fandly, Holly, Radlinsky, écrivirent des ouvrages scientifiques et poétiques grâce auxquels le slovaque devint une langue littéraire, et luttèrent avec succès contre l'envahissement du pays slovaque par la langue tchèque. La victoire du slovaque sur le tchèque devint définitive dans la première moitié du XIX⁰ siècle, lorsque la minorité luthérienne se joignit à la majorité catholique. Du côté des Luthériens, l'activité de Bernolak et de ses amis fut secondée par L. Stur, M. M. Hodza, J. M. Hurban, et les deux groupes d'écrivains parvinrent rapidement à créer une littérature slovaque importante.

Ce fut le premier conflit des Slovaques avec les envahisseurs tchèques. Ce fut la première guerre d'indépendance slovaque, qui se termina par une éclatante défaite des Tchèques. La langue tchèque, l'esprit tchèque furent expulsés de Slovaquie, et une fois pour toutes fut brisé le mensonge de « l'unité raciale tchéco-slovaque ».

Les Tchèques ne purent jamais pardonner aux Slovaques cette « guerre d'indépendance », et à tout instant, nous avons entendu poser la question: « Pourquoi vous êtes-vous séparés de nous, Slovaques? » Et c'est à ce propos qu'on a vu pour la première fois articuler l'accusation de *magyarisme*. Les Tchèques, en effet, aimeraient à mettre cette affirmation vigoureuse de la vitalité nationale slovaque sur le compte de l'influence hongroise et surtout des « intrigues hongroises », afin d'en tirer des conclusions en conséquences. Le professeur tchèque de l'Université tchèque de

Presbourg, M. Prazak, dans son ouvrage sur « *la Propagande hongroise contre la Tchéco-slovaquie* » (Bratislava, 1929), voit nettement une inspiration hongroise dans le réveil national des Slovaques. Voici ce qu'il dit de la défaite de la langue tchèque:

« La langue littéraire et *sociale pure* (1) des Slovaques fut, jusqu'au xviiie siècle, le tchèque. A cette époque, les tendances unionistes hongroises commencèrent à déclencher des mouvements centripètes parmi les nationalités de Hongrie, et arrivèrent à ce résultat que les Catholiques slovaques acceptèrent la ligne politique hongroise et se mirent à écrire en slovaque » (p. 13).

Mais les Tchèques ne sont pas moins furieux contre l'école littéraire luthérienne de Stur, qui, comme nous l'avons dit, a suivi l'école catholique de Bernolak, et ils expliquent également par des mobiles hongrois l'attitude indépendante slovaque prise par cet écrivain (Prazak, *op. cit.* p. 14).

Il n'est pas difficile de démentir ces affirmations de M. Prazak. Le réveil de la conscience nationale slovaque fut aussi spontané et aussi libre que le réveil de n'importe quelle autre nation qui, à la même époque, prit conscience d'elle-même. La langue littéraire de chaque nation a son origine dans la langue populaire que des savants et des écrivains polirent, perfectionnèrent et développèrent. Pourquoi

les seuls savants et écrivains slovaques au-
raient-ils négligé la langue de leur peuple
et adopté comme langue littéraire une langue
étrangère, le tchèque? Du reste, la science des
prétendus savants tchèques paraît curieuse
lorsqu'on la considère à la lumière des con-
tradictions dans lesquelles ils n'ont aucun
scrupule de tomber. Ainsi, M. Prazak n'hésite
pas à affirmer:

« Les Slovaques, de mémoire d'homme, se
considéraient comme partie intégrante de la
nation tchèque, et jusqu'en 1787, leur langue
maternelle pure fut le tchèque littéraire ».
(*Op. cit.* p. 11).

« Chez les Slovaques, jusqu'à la fin du
XVIIIe siècle, c'est le tchèque qui fut en usage
comme langue littéraire et langue maternelle
pure ». (*Op. cit.* p. 13).

Nous demandons: de quelle façon le tchèque, langue étrangère, put-il être « la langue
maternelle pure » des Slovaques?

D'ailleurs, M. Prazak lui-même reconnaît
que la langue maternelle des Slovaques fut le
slovaque, et non le tchèque, et du même coup,
il reconnaît aussi que c'est le slovaque et non
le tchèque que les Slovaques ont adopté comme langue littéraire, c'est-à-dire comme langue parlée par le peuple slovaque. Prazak
écrit en effet:

« Et pour cette raison les Slovaques décidè-
rent d'écrire le slovaque, *c'est-à-dire la lan-*

gue qu'ils parlaient entre eux ». (« *Le problème tchéco-slovaque chez Havlicek* », p. 7, et « *La Propagande hongroise contre la Tchécoslovaquie* », p. 14).

Puisque les Slovaques parlaient entre eux *le slovaque*, comment leur langue maternelle pouvait-elle être le tchèque?

Louis Stur, qui lutta avec une véhémence particulière contre l'adoption de la langue tchèque, déclarait ce qui suit concernant les motifs de l'émancipation de la langue slovaque:

« C'est seulement à l'aide de notre langue nationale que nous arriverons à créer notre vie nationale, car c'est cette langue qui est le plus près de nous, c'est cette langue qui nous est la plus compréhensible, c'est cette langue qui parle directement à nos cœurs, c'est dans cette langue que nous pouvons exprimer le plus sincèrement nos pensées et nos sentiments ». (« *Commentaires sur l'usage de la langue littéraire unifiée, à l'usage des Tchèques, des Moraves et des Slovaques* », 1846).

Ceux qui ont élevé le slovaque au rang de langue littéraire en repoussant l'invasion de la langue tchèque, ont, en même temps, enterré à jamais cette théorie tchèque suivant laquelle le peuple slovaque n'est qu'une fraction du peuple tchèque. Prazak lui-même écrit:

« Ils ont éveillé les Slovaques, et leur ont

persuadé que la nation slovaque avait toutes les caractéristiques d'une nation indépendante: son sol propre, sa langue propre, ses mœurs propres, ses coutumes, son ancienneté, c'est-à-dire tout ce qui forme une nation ». (« *Particularisme slovaque* », p. 39).

Et c'est la même idée que partage, selon Prazak, le plus grand écrivain et poète des Slovaques, Vajansky:

« Vajansky était convaincu que les Slovaques avaient toutes les caractéristiques qu'implique l'idée de nation: le sol, l'individualité nationale, la langue, les limites ethnographiques, l'histoire, et qu'ils avaient fait des sacrifices pour toutes ces choses ». (*Op. cit.*, p. 92).

Mais les Tchèques ne renoncèrent point pour cela à convoiter la Slovaquie et la domination sur les Slovaques. Leurs aspirations prirent une forme plus dangereuse durant les années qui précédèrent la guerre mondiale, quand les Tchèques eurent le pressentiment de la grande conflagration. Masaryk était à cette époque professeur à Prague. Il jeta son filet sur les jeunes étudiants slovaques et croates de cette Université, et fit d'eux les apôtres du pantchéquisme. Ces jeunes gens, ayant quitté l'école, se mirent à proclamer dans leurs pays et à propager l'idée de l'unité nationale tchécoslovaque. Chez nous, c'est Srobar, Stefanek et Blaho qui répandirent les enseignements de Masaryk et qui proposèrent à nouveau l'adoption du tchèque comme langue littéraire, ou qui tentèrent tout au moins de réaliser le rapprochement et la quasi-fusion de ces deux langues « autrefois sœurs ».

Contre cette tendance, ce fut encore une fois le clergé catholique slovaque qui éleva la voix, avec Hlinka et Jehlicka en tête. Du côté des Luthériens, Vajansky et Skultéty luttèrent aussi contre le poison tchèque. Mais il se trouva un grand savant, le linguiste slovaque Samuel Cambel, qui prouva, au moyen d'une série d'ouvrages de haute valeur, non seulement que des différences profondes existent entre le tchèque et le slovaque, mais encore que les Slovaques n'appartiennent pas à la branche des Slaves septentrionaux comme les Tchèques et les Polonais, mais bien à celle des Slaves du Sud, et sont proches parents des Slovènes. En slovaque, la Slovaquie s'appelle en effet Sloven-sko, une femme slovaque se dit Sloven-ka, la langue slovaque Sloven-cina, et le terme « Slovak » est d'origine récente et tchèque. Ce fut encore Cambel qui écrivit la grammaire scientifique de la langue slovaque pure, exempte d'importations tchèques.

Pour cette raison, les Tchèques attaquèrent violemment Cambel, et affirment aujourd'hui encore que ses ouvrages ont été inspirés par les Hongrois et l'*hungarisme*. (Prazak, *op. cit.* p. 112).

Nous voyons donc que c'est un véritable système chez les Tchèques d'accuser toute tendance slovaque pure, toute activité slovaque, d'être d'origine et d'inspiration hongroises, et d'être la conséquence des *intrigues hongroises*.

Faut-il s'étonner après cela de constater que les Tchèques dénoncent l'autonomisme slovaque comme un mouvement hongrois, et considèrent cet autonomisme comme une forme de l'irrédentisme hongrois? Prazak lui-même le dit en propres termes:

« Les Hongrois, dans leur travail souterrain contre la Tchécoslovaquie, considèrent comme la suprême étape la conquête des Slovaques. C'est pourquoi ils tentent d'agir moralement sur les Slovaques, ils les poussent à devenir autonomistes, afin de réaliser ainsi l'intégrité spirituelle et morale qui leur permettra de ramener à eux, plus tard, les Slovaques devenus autonomes ». (« *La Propagande hongroise contre la Tchécoslovaquie* », p. 6).

C'est mot pour mot la même chose qu'a dit le procureur Boricky, ce qui prouve bien que les serviteurs du régime politique actuel puisent leurs arguments dans le bagage « scientifique » des savants tchèques.

Et c'est pourquoi Tuka a dit, dans sa défense:

« D'après l'accusation, l'idée autonomiste est l'œuvre de l'irrédentisme hongrois, l'idée autonomiste est une importation hongroise, et le mouvement autonomiste slovaque est subventionné par la Hongrie. En d'autres termes, l'accusation affirme que l'autonomisme est une maladie d'origine hongroise, c'est quelque chose qui, pour de l'argent, s'est prostitué aux Hongrois ».

Et le procureur se laissa même aller à qualifier de Hongrois M. Tuka, qui est né en Slovaquie et qui est d'origine purement slovaque.

Toute cette accusation des Tchèques est du reste bâtie sur le sable du mensonge, et, suivant l'adage latin, *ignotos fallit, gnotis est derisui*, elle peut tromper ceux qui ne connaissent pas la question, mais fait rire ceux qui savent. Tout le monde sait que l'idée de l'autonomie slovaque est d'origine purement slovaque. Lorsque les Tchèques commencèrent à faire la cour aux Slovaques d'Amérique afin de les gagner à l'Union, les Slovaques se montrèrent méfiants. Quand enfin ils consentirent à négocier avec les Tchèques, ils cherchèrent en tout premier lieu à obtenir des garanties que la nation slovaque ne serait pas opprimée par les Tchèques. Ils exigèrent donc que les Tchèques s'engageassent par écrit à créer une Tchécoslovaquie *dualiste*, dans laquelle les Tchèques administreraient la Bohême, les Slovaques la Slovaquie. C'est ainsi que fut conclu le traité de Cleveland, du 27 mai 1915, qui dit :

« Nous prenons position en faveur de la constitution d'un Etat fédératif tchécoslovaque, dans lequel l'autonomie d'Etat complète de la Slovaquie sera garantie. La Slovaquie aura son Parlement, son administration, sa pleine liberté culturelle, avec l'usage de la langue slovaque sur toute la ligne; la compétence des autorités slovaques s'étendra aux finances et à l'administration politique, et la langue de l'Etat sera le slovaque ».

Ce traité fut conclu entre Tchèques et Slovaques: en conséquence, l'autonomie qu'il décrète est d'origine, non magyare, mais tchèque et slovaque.

C'est ce traité de Cleveland qui fut à la base de la Convention de Pittsbourg conclue entre Tchèques et Slovaques le 30 mai 1918, et que Masaryk lui-même rédigea et signa. Il est dit dans cette Convention:

« La Slovaquie aura son administration propre, son Parlement propre et ses tribunaux propres. Le slovaque sera la langue officielle des écoles, de l'administration et de toute la vie publique ».

Je demande: *Si le président Masaryk lui-même a jeté les bases de l'autonomie slovaque, faut-il en conclure qu'il était lui aussi inspiré par les Hongrois? Etait-il, lui aussi, au service de l'irrédentisme hongrois?*

C'est à bon droit que le docteur Tuka a dit, dans sa défense:

« L'autonomie slovaque a obtenu son acte de baptême à Pittsbourg et cet acte de baptême est signé de la main du Président Masaryk. Le mouvement autonomiste est né à Cleveland et à Pittsbourg, où on a accordé et garanti à la Slovaquie beaucoup plus que ce que le Parti Populaire slovaque exige aujourd'hui et que ce que j'ai demandé moi-même au cours de mon activité politique. Le traité de Pittsbourg garantit à la Slovaquie un Parlement législatif: où est ce Parlement? Il lui garantit des tribunaux slovaques: où sont ces tribunaux? Il lui garantit l'usage de la langue slovaque: où est cet usage? Ce programme, sur lequel on a jeté les bases de notre Etat, on ne l'a pas réalisé ».

D'ailleurs Masaryk lui-même, à plusieurs reprises, a déclaré *sans valeur* la Convention de Pittsbourg, invoquant divers prétextes, comme par exemple: que cette Convention a été conclue par les seuls Tchèques et Slovaques d'Amérique, et n'engage pas par conséquent les Slovaques de Slovaquie et les Tchèques de Bohême; que de plus elle a été signée un jour de fête américaine (Decorations day), et est par conséquent nulle au point de vue des lois américaines! Masaryk a écrit, le 5 février 1920, une lettre au président du conseil, M. Tusar, dans laquelle il déclare que la Convention de Pittsbourg n'a qu'un « intérêt historique ». Dans son livre « *The Making of a State* », à la page 220, il dit que cette Convention n'est pas un traité, mais simplement un accord qu'il n'a signé que pour *rassurer* une « insignifiante fraction » slovaque qui rêvait pour la Slovaquie Dieu sait quelle indépendance :

« At Pittsburgh, on June 30, 1918, I signed the Convention (The Czechoslovak Convention, not Treaty) between the Slovacks and Czechs of America. It was concluded in order to appease a small Slovak fraction which was dreaming of God knows what sort of independence for Slovakia ».

Pour qui lit cela, il devient évident que M. Masaryk a, aux pourparlers de Pittsbourg, « roulé » les Slovaques. Et c'est pour cette raison qu'il existe jusqu'à ce jour une telle amertume parmi les Slovaques d'Amérique. Dans leur plus grand journal, la *Jednota*, le rédacteur Joseph Husek écrivait, le 30 mai 1928 :

« Nous avons signé la Convention de Pittsbourg, et Monsieur T. G. Masaryk l'a signée aussi. Il convient de remarquer encore que, lorsque M. Masaryk a dressé le projet de cette Convention et l'a présenté aux représentants des organisations tchèques et slovaques réunis en Conseil, il agissait comme président de la plus haute autorité révolutionnaire tchécoslovaque, du Conseil National, et qu'il a pris des engagements engageant cette autorité. Mais, lorsqu'il a signé, le 30 mai 1918, la Convention de Pittsbourg, il était déjà le président de la République tchécoslovaque reconnue et existant de fait! Et je dis plus encore: la Convention de Pittsbourg a été *ratifiée*, c'est-à-dire *approuvée*, par le gouvernement tchécoslovaque, par le premier cabinet tchécoslovaque nommé par le parlement tchécoslovaque. Cette ratification eut lieu à Genève, le 11 novembre 1918, par cette Déclaration, prise à l'unanimité, « que *le gouvernement considère comme valable et obligatoire pour l'Etat tchécoslovaque toute convention et toute obligation passée ou prise par M. Masaryk pendant la période révolutionnaire* ». Toutes obligations! Et, en vérité, l'Etat tchécoslovaque respecte et exécute *toutes* les obligations prises par Masaryk par écrit ou verbalement, *à l'exception de la Convention qu'il a passée avec les Slovaques.*

« On trouve dans l'histoire peu d'exemples d'une aussi vile tromperie!

« La Déclaration de Genève parle de Conventions et d'obligations. Maintenant, Masaryk déclare que la Convention de Pittsbourg n'était pas une Convention! Et pourtant, même en supposant que Masaryk ait raison au point de vue technique, le sort des nations ne saurait dépendre du fait qu'il y a ou il n'y a pas un point sur un i, pas plus que le fait qu'une pièce a été signée un jour férié ou un jour ouvrable, la nuit ou le jour! Et puis, si, pour une erreur d'ordre technique plus ou moins grave, une Convention passée entre deux nations peut être déclarée nulle, cette nullité s'applique à chacune des parties contractantes! (L'auteur veut dire par là que, si, d'après Masaryk, les Tchèques ne sont point tenus à reconnaître aux Slovaques leur autonomie, sur la base de cette Convention, les Slovaques de leur côté ne sont pas davantage tenus à demeurer dans l'Etat tchécoslovaque).

« Il s'ensuit que, si la Convention de Pittsbourg est nulle, il y a logiquement en Slovaquie « vacuum juris », et que les Slovaques ont le plein droit de décider en toute liberté de leur sort futur, *n'étant en rien liés à l'Etat tchécoslovaque.*

« Mais cette « explication » de Masaryk ne tient pas debout même au point de vue technique, et moralement, elle est tout à fait condamnable. Ce n'est pas autre chose que ce que les Américains appellent « adding insult to injury ». C'est là une tache sur le caractère de Masaryk *qu'aucun savon tchécoslovaque ne lavera jamais.*

« Car c'est ce même Masaryk qui a cyniquement avoué, étant mis au pied du mur, que, par la Convention de Pittsbourg, il n'a cherché qu'à « rouler » les Slovaques. Pour ce Masaryk, il n'y aura jamais de place dans les cœurs slovaques tant qu'il n'aura pas effacé l'injustice qu'il a commise sur la nation slovaque! »

Voilà comment écrivent, sur l'autonomie et sur Masaryk, père de cette autonomie, les Slovaques d'Amérique. Et les Slovaques de Slovaquie sont forcés de lutter pour l'autonomie, parce que Masaryk leur a dit qu'ils ne l'obtiendraient pas par la force des conventions, qu'ils n'obtiendraient pas ce qui leur a été garanti sur le papier, mais seulement ce qu'ils pourront conquérir de haute lutte.

Et c'est ainsi qu'on voit maintenant ce paradoxe que celui qui a violé les engagements pris envers les Slovaques est assis au fauteuil présidentiel, pendant que Tuka, qui n'a fait qu'exiger l'exécution de ces engagements, est l'objet de persécutions et est frappé de quinze années de prison!

Il est donc faux de prétendre que le mouvement autonomiste slovaque est d'origine hongroise, d'inspiration hongroise, qu'il n'est que le résultat d'intrigues hongroises. Il est ridicule de qualifier de Hongrois un homme comme Tuka dont tout le monde sait qu'il est né en Slovaquie et de parents slovaques, et dans les veines duquel, — ainsi qu'il l'a démontré dans sa défense lorsqu'il a établi sa filiation purement slovaque jusqu'au XIIIᵉ siècle, — « il ne coule pas une seule goutte de sang hongrois ».

Et, de même qu'il n'y a pas une seule goutte de sang hongrois dans les veines de Tuka, il n'y a pas un seul centime d'argent hongrois dans les caisses du mouvement autonomiste.

On sait qu'on a également accusé Tuka d'avoir reçu de l'argent hongrois, mais on n'a même pas tenté de faire la preuve de cette allégation. C'est à bon droit que Tuka a pu constater dans sa défense :

« L'accusation, en dépit de tous ses efforts, n'est point parvenue à prouver que le mouvement autonomiste, et le porte-parole de ce mouvement, le Parti Populaire, aient été en relations financières avec la Hongrie ».

Le procureur et les témoins à charge ont beaucoup parlé des relations hongroises de Tuka, mais ils n'ont jamais apporté à la barre que des impressions, sans pouvoir jamais s'appuyer sur des faits. Et c'est pour cette raison que le journal viennois, pourtant tchécophile, *Arbeiterzeitung*, a écrit lui-même, le 6 octobre :

« Und das Ergebniss dieses zweimonatigen Prozessen war, abgesehen von dem Urteil, dass das meiste, was vorgebracht wurde, Tratsch und Klatsch ist. Es war ein politischer Prozess , und politisch ist auch das Urteil, das Tuka zu fünfzehn Jahren Kerker verdammt. Denn dass Tuka wirklich Spionage getrieben, wirklich einen Aufstand geplant, ist kaum anzunehmen, *jedenfalls aber trotz der Urteilsdegründung nicht bewiesen* ».

II. CE SONT LES SLOVAQUES EUX-MÊMES QUI DESIRENT REVENIR A LA HONGRIE

———

Le procès Tuka n'a donc point prouvé que les mouvements d'indépendance slovaque sont d'origine hongroise, que ces mouvements sont inspirés et financés par les Hongrois. Mais, par contre, au cours du procès il a été établi que *ce sont les Slovaques eux-mêmes qui désirent revenir à leur ancienne patrie, à la Hongrie, dont ils ont été pendant mille ans les citoyens.* Et, pour les Tchèques, ce doit être à la fois significatif, mais aussi fort cruel, de constater que ceux-là mêmes qui les ont servis au cours de ce procès, c'est-à-dire les témoins à charge, ont tous voulu, dans un fort récent passé, briser l'unité de l'Etat tchécoslovaque et rétablir l'ancienne Hongrie dans son intégrité. Il a été, en effet, établi que *ce sont précisément les témoins à charge qui ont proposé leurs services aux Hongrois,* et parmi eux, il s'en est trouvé un qui a rendu d'appréciables services au mouvement révisionniste hongrois. C'est de ce témoin que nous parlerons ici en premier lieu.

JOSEPH HANZALIK a porté à la connaissance de politiciens hongrois, par le canal de l'émigration slovaque, que la diplomatie tchèque a commis, au cours des négociations de paix, plusieurs falsifications, dont la plus frappante est la suivante:

La Conférence de paix avait décidé, en février 1919, d'envoyer une commission *neutre* dans le but d'examiner sur place si les frontières tchécoslovaque et hongroise correspondaient, au point de vue ethnique, à la carte que la diplomatie tchèque avait présentée à la Conférence. Bénès, profitant de ses relations, obtint que ses candidats fussent chargés de cette mission. Comme la commission devait être « neutre », Bénès proposa deux citoyens américains. Mais comme il voulait aussi être sûr de la partialité de ces commissaires, afin qu'ils agissent suivant les instructions tchèques, il fit nommer deux citoyens américains... de naissance tchèque!

Hanzalik raconta à Jehlicka de quelle façon ces deux Tchèques arrivèrent à Kosice (Kassa), de quelle façon le joupan Sekac le désigna, lui, Hanzalik, pour les accompagner, et avec quel cynisme ils s'acquittèrent de leur mission. Ils partirent vers la frontière; mais, avant de l'avoir atteinte, ils revinrent à Kosice, et là, dans une chambre de l'hôtel Salk, ils dressèrent un procès-verbal constatant que la réalité correspondait exactement avec le projet présenté par Bénès. Cette affaire a été exposée en détail dans le *Pesti Hirlap* du 27 juillet 1929.

Elle fut d'ailleurs évoquée aussi pendant le procès de Tuka, où Hanzalik, à la surprise générale, figurait comme témoin à charge. La défense était curieuse de voir de quelle manière Hanzalik s'y prendrait pour accuser Tuka de haute trahison, lui qui avait commis une trahison aussi flagrante en révélant les dessous de l'affaire de Kosice, de quelle manière Hanzalik pourrait accuser Tuka de magyarophilie, après avoir rendu lui-même un si éclatant service au mouvement révisionniste hongrois. La défense réclama fort justement qu'on fît asseoir Hanzalik au banc des prévenus: ce qui, bien entendu, n'arriva point, car les Tchèques ménagent leurs plus cruels adversaires du moment que ceux-ci peuvent leur rendre un service passager.

Hanzalik ne nia nullement, à l'audience, avoir rendu service aux Hongrois en faisant sa révélation. Il ne nia ni le fait même de la révélation, ni sa tendance. Et, s'il ne nia point, c'est qu'il savait que les Hongrois avaient, de leur côté, minutieusement contrôlé et vérifié ses révélations: ils avaient constaté que les deux Tchèques américains s'appelaient Karmezin et Robert Kamev; que le premier avait servi avec le grade de capitaine dans la Légion tchèque d'Amérique; que le second était professeur d'Université aux Etats-Unis; qu'ils avaient tous deux séjourné à Kosice, à l'hôtel Salk, le 20 février 1919, et qu'ils avaient joué toute leur comédie exactement comme Hanzalik l'avait raconté. Hanzalik ne pouvait donc nier. Aussi, aux questions de l'avocat, M⁰ Galla, préféra-t-il répondre sincèrement en avouant. Il dit:

« J'ai raconté à Jehlicka comment tout s'est passé. La Conférence de paix a envoyé deux commissaires qui devaient examiner sur place, en Slovaquie orientale, la frontière ethnique. J'étais désigné pour les accompagner ».

M° Galla demande:

« Et avez-vous dit à Jehlicka que ces Américains étaient en réalité des Tchèques? »

HANZALIK: « Parfaitement, des Tchèques d'Amérique ».

Il avoua aussi avoir voulu rendre service aux Hongrois en faisant cette révélation:

« Je décidai d'aller à Budapest, et de faire un rapport à la section transylvaine de la Ligue pour la Révision du Traité de Trianon sur l'activité de la commission de délimitation en Slovaquie Orientale en 1919, activité à laquelle j'avais participé. Et c'est ce que je fis ».

Un autre témoin à charge qui s'avéra au procès magyarophile de grande envergure, c'est FERDINAND JURIGA. Je me souviens encore de la dernière déclaration faite par Juriga au Parlement de Budapest, dont il était membre. Au temps du grand bouleversement, lorsque les Slovaques tchécophiles discutaient déjà avec les Tchèques de la désannexion de la Slovaquie, en 1918, Juriga proclamait hautement qu'il restait attaché à la patrie traditionnelle des Slovaques, à la Hongrie. Il disait:

« La nation slovaque ne réclame pas l'autonomie pour elle seule, mais pour toutes les nations qui forment la Hongrie, pour les Hongrois comme pour les Allemands, les Roumains, les Juifs, afin que ces nations, oubliant et pardonnant le passé, puissent vivre dorénavant dans une fraternité fondée sur leur libre consentement ».

Il n'y a pas longtemps, M. Juriga *mangeait encore du Tchèque* à toute occasion. Le témoin Jean Farkas raconte que, l'ayant rencontré dans la rue, Juriga l'arrêta pour lui dire:

« Jean, si j'étais jeune comme vous, j'abattrais les Tchèques en pleine rue ».

Que Juriga, qui est membre du Parlement de Prague, ait proposé ses services aux Hongrois, c'est encore ce qui a été établi au moment du procès. En effet, le *Slovak* a publié le 10 août que « Juriga, en 1922, au Pazmaneum de Vienne, devant le docteur Étienne Csarszky, recteur du Pazmaneum et son compatriote, a prié M. Michel Kmosko, professeur à l'Université de Budapest et son ancien condisciple, *de communiquer au gouvernement hongrois qu'il était prêt, moyennant un milliard de couronnes, à « faire sauter »* l'État *tchécoslovaque* ». Cette affirmation du *Slovak* ne fut jamais démentie par Juriga, qui n'osa pas poursuivre le journal devant la justice.

Un autre témoin à charge, FLORIS TOMANEK, membre du Parlement de Prague, était de cœur avec les Hongrois. En janvier 1913, quand on pouvait déjà sentir les signes avant-coureurs de la grande conflagration, Tomanek publiait dans son journal le *Lidove Noviny*, un *leader* où nous lisons ce qui suit :

« Nous autres Slovaques, même dans le plus secret de nos désirs, nous ne devons jamais être infidèles à la dynastie des Habsbourg. Quels que soient les abîmes dans lesquels le monde pourra être entraîné, notre place est là, sous le manteau des Habsbourg, et Dieu nous préserve d'avoir jamais un autre désir ou une autre pensée. Si nous voulons vivre, nous devons rester fidèles au prix de notre sang, car notre place, c'est notre condition d'existence ».

Quand il arriva pourtant ce que Tomanek se refusait avec tant d'éloquence à admettre, c'est-à-dire quand les Tchèques arrachèrent la Slovaquie à la Hongrie, Tomanek s'éleva contre les nouveaux maîtres avec la plus véhémente fureur. Le prévenu Mach a raconté que c'est Tomanek qui a rendu populaire parmi les Slovaques ce dicton :

« Attache le Tchèque dans un sac, et jette le sac dans le Danube ».

De tous les témoins de l'accusation, celui qui se fit la plus mauvaise réputation est BELANSKY. Mais pour lui aussi on établit qu'il détestait cordialement les Tchèques, et leur

Etat. Cela d'ailleurs apparaît dans ses dépositions:

« J'ai dit à Tuka que, lorsqu'il s'agit de faire sauter l'Etat tchécoslovaque, tous les moyens sont bons ».

Belansky a avoué aussi qu'il avait collaboré avec les partis hongrois de Slovaquie, et qu'il en avait même touché des subsides:

Le témoin, Docteur Ravasz, a cité un discours de Belansky, dans lequel celui-ci a dit:

« Il faut chasser les Tchèques de Slovaquie, et les Rodobranec (les « Heimwehr » slovaques) doivent se tenir prêts à entrer en lutte avec les gendarmes et les soldats tchèques ».

Le plus cruel ennemi de Tuka, MILAN HODZA, ancien ministre, est bien connu pour ce fait qu'il porte au cœur un double amour. L'ancien ministre Srobar a prouvé dans ses *Mémoires* que Hodza a négocié avec les Hongrois à une époque où l'Etat tchécoslovaque existait déjà, et il a voulu livrer à la Hongrie la plus grande partie de la Slovaquie. Le *Slovak*, reprenant les accusations de Srobar, dans son numéro du 8 septembre 1929, a ouvertement accusé Hodza de haute trahison, pour avoir, lorsqu'il était ministre de Tchécoslovaquie à Budapest, dans la première quinzaine de novembre 1918, poursuivi des tractations avec le gouvernement hongrois d'alors au sujet du partage de la Slovaquie. Comme preuve de cette accusation, le *Slovak* a cité la lettre de

M. Albert Bartha, ministre de la guerre du cabinet hongrois Karolyi, où nous lisons ce qui suit:

« Mon entrevue avec M. le ministre Hodza eut lieu chez M. Oscar Jaszy, ministre des nationalités, et, au cours de cette entrevue, M. Hodza exprima les désirs du Conseil National slovaque: la création d'un Ministère pour la Slovaquie, deux ou trois postes de préfets et l'introduction de la langue slovaque dans deux ou trois régiments constituaient l'ensemble des revendications slovaques. Au cours de la conversation, le mot « Tchécoslovaquie » ne fut jamais prononcé, et jamais Hodza ne négocia au nom de cet Etat ».

Après Hodza, nos lecteurs ne seront pas surpris de découvrir encore, dans la galerie des Slovaques magyarophiles, le dénonciateur de Tuka lui-même, le docteur MILAN IVANKA. Celui-ci encore rendit un immense service aux révisionnistes hongrois lorsqu'il déclara, au cours du procès, que la raison pour laquelle on n'avait pas pu donner aux Slovaques l'autonomie promise était que, *si on la leur avait accordée, le premier Parlement slovaque aurait sans aucun doute voté le retour à la Hongrie!* En faisant cette déclaration, Ivanka a très justement défini l'état d'esprit du peuple slovaque. Le peuple slovaque n'a jamais voulu rien entendre des Tchèques. C'est un fait que reconnaît même l'écrivain tchèque Meaculpinsky dans son ouvrage « Qu'est-ce qui empêche les Slovaques? », paru en 1901:

« Pendant plus de mille ans, les Slovaques ont aimé leur patrie hongroise, et ont été fidèles à leurs rois. Jamais il n'y a eu de complot slovaque ou de soulèvement slovaque contre le roi, la dynastie, l'autorité d'Etat ou la patrie. Au point de vue politique, les Slovaques n'ont même jamais penché vers les Tchèques, et s'en sont séparés sur le terrain littéraire ».

C'est pour cette raison que la diplomatie tchèque avait une telle peur d'un plébiscite en Slovaquie, et elle fit si bien qu'elle parvint à l'éviter. C'est un fait qu'un plébiscite, encore aujourd'hui, aurait pour résultat un vote contraire au maintien de l'union avec la Bohême, car le peuple slovaque dans sa grande majorité désire l'accord avec la Hongrie et le retour à l'ancienne patrie. Et c'est encore un point important que nous devons mentionner ici concernant la création de l'Etat tchécoslovaque.

En Bohême, il y a trois millions et demi d'Allemands. Ces Allemands ont déclaré à maintes reprises, dans leurs journaux et aussi au Parlement de Prague, qu'ils n'ont jamais désiré la création de l'Etat tchécoslovaque, et que personne ne leur a jamais demandé leur avis sur l'opportunité de la création de cet Etat. Il y a de plus dans cet Etat à peu près un million de Magyars. Ceux-ci n'ont pas davantage désiré qu'on les arrache à leur patrie hongroise et qu'on les annexe aux Tchèques. Or là non plus, on n'a pas fait de plébiscite. La partie orientale de la Tchécoslovaquie est habitée par une population ruthène d'un demi-million d'âmes environ, qui a besoin, pour vivre, de la Grande Plaine Hongroise. On n'a jamais demandé à cette population si elle voulait entrer dans l'union tchéco-slovaque.

Cela étant, si nous prenons maintenant en considération la déclaration précédemment citée de M. Ivanka, selon laquelle le peuple slovaque non plus n'a jamais désiré l'union avec les Tchèques, nous sommes bien obligés de nous demander, comme l'a fait le journal de Bohême *Bohemia: « Qui donc, en définitive, a voulu en 1918 la formation de l'Etat tchécoslovaque? Où est cette majorité, dans l'intérêt de laquelle la Conférence de Paris a donné naissance à cet Etat? Où est, par conséquent, la justification de l'existence de cet Etat? »*

III. PRAGUE VEUT BRISER L'AUTONOMISME SLOVAQUE

Prague ne veut pas entendre parler de l'autonomie de la Slovaquie. Prague cherche donc à briser le mouvement politique dont le but est d'exiger la mise en pratique de cette autonomie, et c'est là le motif principal du procès de Tuka.

Pour quelles raisons les Tchèques refusent-ils de donner aux Slovaques l'autonomie qu'ils leur ont promise si solennellement eux-mêmes? Il n'est pas difficile de le deviner.

Nous avons déjà montré que les Tchèques, lorsqu'ils émirent leurs prétentions sur la Slovaquie, *n'avaient aucun titre à présenter*: c'est pourquoi ils inventèrent la théorie de *l'unité nationale tchécoslovaque*, de la nation tchécoslovaque *une*. Maintenant, s'ils accordaient l'autonomie aux Slovaques, ils reconnaîtraient du même coup l'existence d'une *nation slovaque indépendante*, et donneraient eux-mêmes le plus éclatant démenti à leur théorie de l'unité tchécoslovaque.

De plus, ils reconnaîtraient encore qu'ils ne forment, dans leur propre Etat, qu'une *minorité*.

Dans ces conditions, peuvent-ils donner une autonomie à la Slovaquie?

Mais il y a encore d'autres raisons pour lesquelles les Tchèques sont les ennemis jurés de l'autonomisme slovaque. Comme on le sait, le Tchèque est fort prolifique. Avant la guerre, la petite Bohême ne pouvait suffire à faire vivre sa propre population, et c'est pourquoi tant de Tchèques vivaient en Autriche, en Herzégovine, en Bosnie, en Bucowine, et dans presque toutes les parties de l'Europe.

Quand on a créé l'Etat tchécoslovaque, les Tchèques jetèrent leur excédent de population de Bohême en Slovaquie. Quant aux Tchèques de l'étranger, dès qu'ils apprirent qu'il existait enfin une Grande Bohême agrandie de la Slovaquie et de la Russie subcarpathique, ils prirent le chemin du retour, et Prague les plaça en Slovaquie et en Russie subcarpathique, comme dans une colonie. C'est la raison pour laquelle, dans cette « colonie », tous les emplois publics, toutes les situations et toutes les occasions de travail sont réservés aux Tchèques. La Slovaquie et la Russie subcarpathique sont actuellement inondées de Tchèques qui s'y sont établis et y ont amassé des fortunes. Si maintenant la Slovaquie obtenait son autonomie, si la formule « la Slovaquie aux Slovaques » recevait enfin une application pratique, où mettrait-on tous ces excédents de population tchèque? Les Tchèques ne pourraient point leur trouver de place en Bohême; d'autre part, ils ne sont pas disposés à émigrer. Dans ces conditions, il va de soi que c'est aux pauvres Slovaques qu'il appartient d'émigrer de leur patrie qui est incapable, en raison de l'immigration tchèque, de faire vivre ses propres enfants.

Une autre raison qui indispose les Tchèques contre l'autonomie slovaque, c'est la suivante: si l'autonomie était accordée aux Slovaques, il faudrait aussi l'accorder aux trois millions et demi d'Allemands, puis aux Hongrois et aux

Ruthènes. Que resterait-il ainsi de la République tchécoslovaque une et indivisible?

Voilà pourquoi il n'existe pas un seul parti politique tchèque, ni même un seul Tchèque, disposé à voter l'autonomie de la Slovaquie. Voilà pourquoi Prague mène une guerre à mort contre l'autonomisme slovaque.

D'abord, ce fut la terreur. Cette terreur s'exerça contre le Parti Populaire slovaque qui avait inscrit l'autonomie dans son programme politique. Le député Machacek, secrétaire général du parti Hlinka, résume en ces termes la persécution des autonomistes:

« 1° Confiscation des journaux et des imprimés, dans le but de nous ruiner matériellement; — 2° Attentats commis contre M. Hlinka, à Ruzomberok, Trnava, Sastin, Namestov, Krupina, Pruska, Presov, Kosice; — 3° Arrestations et emprisonnements d'autonomistes; — 4° Dispersion de nos réunions publiques; — 5° Pillage du journal *Slovak*; — 6° Attentat à la bombe contre la maison d'éditions «Lev»; — 7° Persécutions contre le clergé appartenant au parti Hlinka, même au mépris du secret de la confession; — 8° Retraits d'emplois; — 9° Abus et tromperies aux élections communales, départementales et législatives; — 10° Dissolution de l'association « Rodobrana » (« Heimwehr » slovaque); — 11° Expulsion de Prague du Nonce du Pape. (*Slovak*, 1er juin 1928).

Le parti Hlinka a publié, le 3 août 1922, un

Mémorandum sous le titre: « Appel adressé au monde civilisé par la nation slovaque condamnée à mort » et nous y lisons ce qui suit:

« En Slovaquie, les usurpateurs tchèques, prenant modèle sur les proconsuls de Rome, les plus cruels maîtres de Byzance et les fonctionnaires de l'autocratie tsariste, organisent de véritables battues contre tous ceux qui proclament et exigent le droit de notre nation à la vie.

« Nos nouveaux maîtres agissent avec nous de la même manière dont on agissait autrefois envers les colonies, obtenues en cadeau. Ils profitent de leur liberté pour anéantir notre liberté, et pour se faire entretenir par nous. Une armée de gendarmes, de policiers et d'inspecteurs de la sûreté veille à ce que la nation slovaque « libérée » ne mette pas en doute les bienfaits de sa « libération ». Les perquisitions sont à l'ordre du jour, des milliers de citoyens ont été arrachés à leurs maisons, et emprisonnés pendant des semaines sans jamais être interrogés.

« Il n'y a pour ainsi dire pas un honnête homme en Slovaquie qui n'ait eu à subir le calvaire de l'oppression économique, de la persécution politique et de l'emprisonnement. La terreur, la peur et le silence des prisons règnent en Slovaquie. Et nous croyons bien servir la justice et la vérité objective lorsque nous disons de cet état de choses qui succède à tant de souffrances qu'il est une honte pour l'humanité civilisée.

« Le censure est tellement sévère qu'elle ne laisse même pas passer les discours prononcés au Parlement. Il est arrivé que le censeur tchèque a censuré les déclarations officielles du gouvernement! La censure s'exerce, non seulement sur les correspondances de l'étranger, mais aussi sur les lettres et cartes postales de l'intérieur.

« Alors que tout est permis aux journaux gouvernementaux, toute critique est rendue impossible aux journaux nationaux slovaques et même aux simples citoyens ».

Lorsque Hlinka se rendit en Amérique en 1926, il déclara que, si l'on empilait les exemplaires des journaux autonomistes confisqués par les Tchèques, on élèverait une tour plus haute que les cinquante-quatre étages du Woolword Building.

Toutes ces persécutions parvinrent enfin à *amollir* le parti Hlinka, et à déterminer ce parti à conclure avec le centralisme de Prague un compromis à bon marché, en janvier 1927. Le parti Hlinka renonça à poursuivre sa lutte vigoureuse en faveur de l'autonomisme, et deux de ses membres obtinrent des fauteuils ministériels à Prague. Comme contre-partie de ce compromis, que les larges masses du peuple slovaque qualifient de trahison, le parti n'obtint aucune concession politique, mais seulement quelques avantages matériels: un emprunt à bon marché de 12 millions de couronnes, des permis de vente de charbon, etc. Enfin, les membres du parti reçurent des biens provenant de la réforme agraire. Ainsi, la corruption venait remplacer la terreur.

Seul, Tuka s'avéra l'homme qu'on ne peut pas acheter. Donc, pour le réduire, il fallut encore avoir recours à la terreur. C'est luimême qui l'a dit dans sa défense :

« Ma grande faute, que j'expie aujourd'hui, a été seulement de n'avoir pas accepté d'emploi, de n'avoir pas accepté une bonne sinécure, et de ne pas me rallier à la politique centraliste ».

Le procès Tuka n'est donc pas autre chose qu'un nouvel assaut de Prague contre l'autonomisme slovaque. C'est d'ailleurs ce que constate la presse polonaise. Le plus considérable des journaux polonais, le *Czas*, écrit en effet dans son numéro du 9 octobre 1929 :

« Dans le procès Tuka, il n'a jamais été question de haute trahison. Il fut seulement question de disperser le parti des autonomistes slovaques, de les terroriser par l'accusation de haute trahison et ainsi d'en finir avec eux ».

Un autre journal polonais, le *Kurjer Codzienny*, de Cracovie, écrit à la même date :

« Dans le procès de Presbourg, c'est l'autonomisme slovaque que le centralisme de Prague a fait asseoir au banc des accusés ».

Si on a choisi précisément le docteur Tuka

comme objectif de ce nouvel assaut, ce n'est pas uniquement parce qu'il est incorruptible, mais encore pour une autre grave raison: on le considère en effet comme l'homme le plus sage, le plus intelligent, le plus instruit du parti, donc le plus dangereux. On pense de lui, à Prague, ce que Jules César pensait de Cassius:

« He thinks too much: such men are dangerous ».

IV. LA DECLARATION DE TURCIANSKY ST. MARTIN ET LA « CLAUSE SECRETE »

Si Tuka est devenu tellement dangereux aux yeux des centralistes de Prague, il le doit à un très savant et très spirituel article qu'il a écrit sur la Déclaration de Turciansky St. Martin et sur la « clause secrète ».

De ces deux documents, il a été fort souvent question au cours du procès, et, pour cette raison, le procès a comporté de très intéressants enseignements au point de vue du droit constitutionnel des relations tchécoslovaques. Ces documents ayant joué un rôle capital dans la création même de l'Etat, et un rôle central dans le procès, il est nécessaire que je m'en occupe avec plus de détails.

Lorsque les Tchèques émirent des prétentions sur les Allemands Sudètes et le territoire habité par eux, la diplomatie tchèque put, devant le Congrès de Paris, arguer de « droits historiques », proclamant que ces territoires avaient pendant des siècles appartenu à la Bohême. En ce qui concerne la Slovaquie, l'argument des droits historiques ne jouait plus, ou plus exactement cet argument jouait, non pas en faveur des Tchèques, mais en faveur des Hongrois, qui avaient pendant mille ans possédé ce pays. L'argument tiré du « droit de libre disposition » ne pouvait jouer davantage, car les Tchèques savaient fort bien qu'en cas de plébiscite, les Slovaques voteraient en faveur, non de la Bohême, mais de la Hongrie, ainsi que l'a affirmé devant le tribunal de Presbourg le docteur Ivanka. Les titres juridiques manquant, les Tchèques en fabriquèrent un, tiré de ce que les juristes tchèques appellent le « droit naturel » et consistant à affirmer que le peuple tchèque et le peuple slovaque ne sont qu'un seul et même peuple. Masaryk termine par les paroles suivantes un Mémoire adressé pendant la guerre au gouvernement britannique: « Slovaks are Bohemians, les Slovaques sont des Tchèques ». Mais la diplomatie tchèque préféra employer une autre formule, qui signifie la même chose mais l'exprime autrement: à savoir que les Slovaques et les Tchèques forment une nation « tchécoslovaque ».

Le club parlementaire du parti Hlinka, dans l'*Appel au monde civilisé* qu'il a publié en

1922 et que nous avons déjà mentionné, dénonçait cette affirmation des Tchèques comme « *la plus grande mystification de l'histoire* », car ni l'histoire, ni l'ethnographie, ni la linguistique n'ont jamais connu cette nation tchécoslovaque dont parlent les Tchèques. Les Tchèques et les Slovaques appartiennent à la grande famille linguistique slave, mais forment cependant des nations différentes. De même qu'il n'existe pas de nation tchécopolonaise, ni tchécobulgare, ni serbobulgare, il n'y a pas de nation tchécoslovaque, mais il y a une nation tchèque, et une nation slovaque. D'ailleurs jamais les Tchèques ne se sont qualifiés de tchécoslovaques, et encore aujourd'hui, ils se disent simplement Tchèques. Les Slovaques de leur côté n'ont jamais été que Slovaques: c'est seulement maintenant qu'il est d'usage, du côté tchèque, de les appeler tchécoslovaques.

Malgré tout, la diplomatie tchèque eut la hardiesse de se présenter devant la Conférence avec cette théorie inventée, sachant bien que les représentants des puissances victorieuses étaient profondément ignorants de ces questions ethnographiques et linguistiques, en conséquence de quoi il était aisé de leur faire avaler l'invention tchèque.

Pourtant, pour rendre cette invention d'une plus facile digestion, il fallait que la théorie de l'inexistante nation tchécoslovaque fut acceptée et confirmée du côté slovaque. Dans ce but, la Maffia tchèque passa commande d'une Déclaration dans ce sens, à un groupe de politiciens slovaques connus pour leurs sentiments panslaves et leur haine contre les Hongrois. Environ une centaine de ces Slovaques se réunirent les 30 et 31 octobre 1918 à Turciansky St. Martin, et, suivant les ordres de la Maffia tchèque, affirmèrent dans une Déclaration que:

1° Les Slovaques font partie de la nation tchécoslovaque *une;*

2° Les Slovaques entendent exercer leur droit de libre disposition;

3° Les Slovaques se feront représenter à la Conférence de la Paix de Paris par une Délégation slovaque spéciale.

C'est ce qui fut décidé à la séance du 30 octobre. Mais la conférence siégea encore le 31 octobre, et ce jour-là, elle décida que *l'union des Slovaques avec les Tchèques n'était conclue que pour une période de dix années, à l'expiration de laquelle les rapports juridiques des deux peuples seraient soumis à un nouvel examen et à une réglementation définitive.*

Ce texte de la Déclaration de St. Martin ne correspondait pas exactement aux désirs de la Maffia tchèque. Pour cette raison, on ordonna de Prague à deux Slovaques « renégats », Milan Hodza et le surintendant luthérien Samuel Zoch, de modifier le texte original de la Déclaration. C'est ce qui eut lieu encore le 31 octobre, et dans le sens suivant:

1° Pour souligner davantage la communauté ethnique des Slovaques et des Tchèques, Hodza et Zoch introduisirent dans le § 1er de la Déclaration une phrase selon laquelle les Slovaques et les Tchèques forment une même nation « linguistiquement aussi » ;

2° On supprima purement et simplement les § 2 et 3 de la Déclaration où il était question du droit de libre disposition et d'une délégation slovaque spéciale. Les Tchèques craignaient en effet qu'en parlant trop du droit de libre disposition, ils ne s'exposassent au danger d'un plébiscite en Slovaquie; par ailleurs, ils ne désiraient pas voir des Slovaques à Paris, afin de pouvoir travailler tranquillement. Ils emmenèrent bien, comme « échantillons », quelques Slovaques, mais ceux-ci ne jouèrent que le rôle d'interprètes, ou celui de faux témoins — jurant, quand il le fallait, qu'il n'existait point de nation slovaque, mais seulement une nation tchécoslovaque.

3° Le point le plus désagréable de la Déclaration était évidemment le dernier paragraphe, celui par lequel on établissait le régime décennal provisoire. Les agents de Prague s'arrangèrent donc pour que ce paragraphe devînt « clause secrète », puis pour qu'il disparût définitivement. C'est pour cette raison qu'on a coutume d'appeler *clause secrète* le dernier paragraphe de la Déclaration de St. Martin.

C'est en se fondant sur cette Déclaration

mensongère et, qui plus est, falsifiée que la Conférence de Paix de Paris décida d'accepter les projets des Tchèques et de ratifier la création de l'Etat tchécoslovaque. C'est encore sur cette base qu'on établit ensuite la constitution centraliste de cet Etat, dressée et votée par le premier Parlement révolutionnaire et non élu par le peuple de Prague.

Lorsque les Slovaques commencèrent à se rendre compte que les Tchèques s'installaient en maîtres absolus sur tout le territoire et entendaient y gouverner en toute hégémonie, ils se mirent à protester; jusqu'en 1928, le parti Hlinka ne cessa jamais d'invoquer la Convention de Pittsbourg déjà citée, par laquelle l'autonomie était promise à la Slovaquie. Du côté tchèque, on réfuta cet argument en affirmant que la Convention de Pittsbourg n'avait *aucune valeur*.

C'est pour cette raison que les Slovaques se souvinrent tout à coup de la « clause secrète » de St. Martin. Et ce fut précisément le docteur Tuka qui, le premier, se référa à cette clause, lorsqu'il publia, le 1er janvier 1928, dans le *Slovak*, son fameux article: *Vacuum Juris*. Dans cet article, il indiquait que le régime provisoire de dix années avait pris fin, et que par conséquent le moment était venu de réviser et de régler définitivement les rapports juridiques entre Slovaques et Tchèques. A défaut, le 31 octobre 1928, toute légalité cesserait sur le territoire de la Slovaquie, c'est-à-dire qu'il se produirait ce qu'il appelait lui-même *vacuum juris* (absence de droit). Ce qui signifierait que la possession de la Slovaquie par les Tchèques deviendrait, de juridique, simplement *effective*.

Si l'on veut savoir de quelle façon les Slovaques interprétaient la « clause secrète », il n'y a qu'à se référer à une déclaration du club parlementaire du parti Hlinka, lue le 30 octobre 1924 au Parlement de Prague par M. Juriga, et dont l'essentiel est ce qui suit:

« Non seulement les peuples tchèque et slovaque, mais encore le monde entier savent que nous avons décidé qu'à l'expiration de la période de dix années, la nation slovaque aurait, sur la base du droit de libre disposition, à dire définitivement si elle désire demeurer dans l'union tchécoslovaque, ou si elle exige une autonomie ou une indépendance complète ».

Il va de soi que les Tchèques, et les Slovaques à leurs gages, ne se contentèrent pas d'attaquer Tuka: ils nièrent aussi l'existence même de la *clause secrète*.

Mais précisément, au cours du procès, il ressortit des dépositions des témoins Hanzalik, Hlinka, Bazovsky et Protus que la clause secrète relative au régime provisoire décennal du mariage tchécoslovaque n'est pas une fiction, mais un fait historique.

Joseph Hanzalik dépose: « qu'il avoue être

allé chez Tuka et lui avoir dit savoir où se trouvait le texte original de la clause secrète qu'il était disposé à faire voler et à livrer moyennant 10.000 couronnes tchèques ».

Hanzalik reçut les 10.000 couronnes, mais ne livra pas le document à Tuka. Au lieu de cela, il remit au Tribunal une note qu'il avait prise à Prague et dans laquelle il avait copié la clause secrète pour son usage personnel. A l'audience, on donna lecture du procès-verbal de la conférence de St. Martin tenue le 31 octobre 1918, écrit de la main de Hanzalik, et contenant la fameuse clause secrète, dont voici le texte:

« Il a été décidé: à l'expiration de la période de transition, qui ne peut dépasser une durée de dix années, la situation juridique de la nation slovaque sera à nouveau réglée, et ce, au moyen d'un traité conclu entre les représentants autorisés de la Slovaquie d'une part, de la Bohême, de la Moravie et de la Silésie d'autre part ».

André Hlinka dépose: « A Turciansky St. Martin, personne d'entre nous ne parlait dans un esprit centraliste. Tous, nous rêvions d'une Slovaquie autonome. Déjà au cours du procès Koza-Husek, j'ai déclaré que j'étais certain de l'existence de la clause secrète, que l'idée du procès-verbal vit en moi. Et maintenant, lorsque je lis dans le *Slovak* le texte de ce procès-verbal (texte de Hanzalik), je vois que ce texte, aussi bien dans sa lettre que dans son esprit, correspond exactement à notre pensée d'alors et à la pensée du secrétaire Charles Medveczky. Est-il possible d'admettre qu'une nation, dans un moment aussi grave que celui où elle décide de se séparer d'une autre nation et de s'unir à une troisième, ait pu oublier de dresser un procès-verbal ? »

Louis BAZOVSKY, avocat, dans sa déposition, se réfère au président de la Conférence de St. Martin, M. Mathias Dula, qui lui a dit: « En dehors de la Déclaration, il existe une décision particulière qui nous garantit le droit de négocier, dans dix ans, comme partie équipollente, avec les Tchèques, en ce qui concerne les rapports des Slovaques et des Tchèques ». — « Moi, je sais fort bien que cette clause ou ce procès-verbal ou décision existe, et j'ai été véritablement épouvanté lorsqu'au procès Koza-Husek, des hommes qui avaient assisté au vote de cette décision en ont nié l'existence. Oui, la clause existe, elle doit exister! »

Ladislas PROTUS, un autre témoin, dépose « qu'il a été le secrétaire du club slovaque de l'Assemblée Nationale révolutionnaire, et que, quand il en a classé les archives, il y a découvert un texte qu'il a fait ensuite reproduire en plusieurs exemplaires. Ce texte correspond exactement à celui que Hanzalik a remis au Tribunal. Les archives du club slovaque ont été ensuite transférées au palais du Sénat, dans la chambre des sténographes, et confiées à la garde de M. Vlcek ».

La DÉFENSE réclame impérieusement que le tribunal fasse venir de Prague ce document, *mais cela n'eut pas lieu.*

L'avocat, dr OTTLYK, mentionne ce fait et dit: « Il est très suspect, Messieurs, de constater que le Président du Sénat n'a pas fait droit à notre demande et qu'il ne nous a pas envoyé ce « chiffon de papier » (la clause) afin de nous permettre de nous faire une opinion claire sur toute cette partie assez pénible du procès ».

Même la déclaration de Tuka affirmant qu'il était disposé à renoncer à sa théorie du *vacuum juris* si on lui prouvait que la clause secrète n'avait jamais existé, fut inutile — et cependant tout l'intérêt historique du procès dépendait de ce qu'on allait ou n'allait pas présenter le procès-verbal. On ne le présenta pas, et Tuka dit dans sa réplique:

« Il a fallu ce nouveau procès pour qu'il fût établi qu'une décision pareille a bien été prise à Turciansky St. Martin. Le document original n'existe pas, soit. Mais les notes qui circulent prouvent que des notes ont été prises sur cette décision. La seule chose qui ait changé, c'est qu'à l'avenir nous ne parlerons plus de clause secrète ni de procès-verbal, mais simplement de décision. Le droit écrit devient du droit non écrit, et nous savons que souvent, le *jus inscriptum* a plus d'importance que le *jus scriptum*, car il pénètre dans la conscience et dans l'âme du peuple.

« Ceux qui ont provoqué ce procès se sont acquis une gloire immortelle en protestant ici cette lettre de change, bien que l'original n'ait pas été présenté: mais le droit commercial nous enseigne qu'il n'est pas toujours nécessaire de protester l'original d'une lettre de change.

« La clause des dix années est devenue le Credo de la nation slovaque, et tous ceux qui prétendent au titre de bons et fidèles Slovaques doivent y croire ».

L'existence de la clause secrète ou de la décision ayant été prouvée par le procès, il devient évident que Tuka avait pleinement le droit d'écrire son fameux article et que, sur ce point tout au moins, il est innocent. Il en découle de plus que Tuka avait pleinement le droit d'affirmer que, le nouveau règlement du statut juridique de la Slovaquie n'étant pas intervenu au 31 octobre 1928, à partir de cette date le *vacuum juris* existait en Slovaquie, et par conséquent la domination des Tchèques dans ce pays n'a plus aucune base juridique.

Les Slovaques d'Amérique vont plus loin encore, lorsqu'ils affirment que le *vacuum juris* a commencé bien plus tôt, à l'instant même où le président Masaryk a déclaré la Convention de Pittsbourg sans valeur juridique. C'est la théorie qui a été développée par l'Association des journalistes slovaques d'Amérique dans la *Jednota* du 9 janvier 1929, et c'est encore la théorie exposée le 30 mai 1929 par le rédacteur en chef de cet organe, M. Joseph Husek.

V. MALGRE LES PERSECUTIONS, LES SLOVAQUES RESTENT FIDELES A L'AUTONOMIE

Nous avons vu dans les pages qui précèdent que les Tchèques veulent à tout prix détruire le mouvement autonomiste slovaque. Mais ils n'y réussiront point. Depuis 1927, la lutte pour l'autonomie est devenue moins ardente, mais le procès de Tuka et surtout sa condamnation injuste et cruelle ont réveillé le peuple slovaque et ses *leaders*, et Hlinka n'a fait qu'interpréter ce qui est au fond du cœur de chaque Slovaque quand il a dit à l'audience:

« Ce procès n'est que le début de la lutte que le parti populaire slovaque va engager pour l'autonomie ».

Parlant de Tuka, il a dit:

« Tuka est une victime innocente, qui s'est sacrifiée pour l'autonomie, et la nation n'oubliera jamais son sacrifice »

Pendant le procès, Hlinka a accordé une

interview à M. Eugène Irinyi, collaborateur du *Magyarsag*, et lui a déclaré:

« Si le but que les Tchèques avaient en vue en faisant ce procès a été d'exercer une pression sur nous, s'ils ont cru par là diminuer notre volonté de lutte, ils se sont trompés et ils n'atteindront pas leur but malgré tous leurs efforts. *Notre but, et notre programme, est et reste l'autonomie.* Nous entendons être les maîtres à l'intérieur de nos frontières; nous ne voulons pas de tribunaux composés de juges et de procureurs tchèques pour nous juger; nous ne voulons pas de police tchèque pour veiller sur nous; nous ne voulons pas surtout de cette police tchèque qui reste les bras croisés lorsque les Légionnaires détruisent nos imprimeries et nos rédactions ou cambriolent nos maisons et vident nos armoires. Nous voulons que l'émigration de notre peuple cesse, que nos hommes en âge de travailler trouvent du travail, que l'immigration tchèque, qui nous a ravalés au niveau d'une colonie, reflue dans son pays d'origine. Jamais nous ne nous résignerons aux circonstances actuelles, parce que ces circonstances sont insupportables. Il est insupportable et intolérable que tous les emplois de ce pays soient réservés à des Tchèques. La Convention de Pittsbourg est notre *Magna Charta*. Nous nous en tenons à cette Convention, à chaque point de cette Convention. Nous exigeons par conséquent notre Parlement propre, notre pouvoir législatif propre, et la reconnaissance de la langue slovaque comme langue officielle. En d'autres termes, *nous exigeons l'autonomie!* Et nous ne céderons pas! »

Le docteur Tuka, dans sa défense, a dit:

« Je suis autonomiste, et le resterai! Je suis autonomiste par conviction scientifique! »

Lorsque son dénonciateur, le docteur Ivanka, l'apostropha en lui conseillant de s'en aller en Hongrie, Tuka lui répondit:

« C'est vous qui m'envoyez en Hongrie! Vous n'avez pas dans vos veines une goutte de sang slovaque de plus que moi. Vous n'êtes en rien meilleur Slovaque que moi. Et c'est pourquoi, je le déclare, ma place est ici! Je ne m'en irai pas, je ne m'enfuirai pas, mais je continuerai à travailler avec une énergie redoublée pour mon peuple slovaque, ainsi que ma conscience me l'ordonne! »

Faisant allusion à Hlinka, il a dit:

« Le père de la nation slovaque a, dans cette salle, donné un nouveau mot d'ordre, un nouveau credo, un nouvel élan à notre lutte quand il a dit qu'il était partisan du *dualisme.* Et ce procès contribuera à déterminer la direction, la tendance et le rythme suivant lesquels se réalisera ce dualisme. Ce procès est la bataille de la Marne de la pensée autonomiste. La décision est déjà intervenue: peu importe combien de temps durera encore la guerre. L'accusation a dit qu'il y a des gens qui ont foi en Tuka. Oui, il y a des centaines de mille hommes, il y a presque toute la nation slovaque derrière moi ! »

Alexandre Mach, l'autre accusé, est également un inébranlable autonomiste. C'est ce qui apparaît dans ses paroles :

« J'ai eu la conviction et j'ai encore la conviction qu'il n'y aura pas de paix dans cette République, **tant que les** Slovaques n'obtiendront pas l'autonomie qui leur a été garantie par la Convention de Pittsbourg ».

Mach se référa d'ailleurs au peuple slovaque :

« Lorsque nous allions en province pour des tournées électorales, les gens nous demandaient où en était l'autonomie, car le plus ignorant des paysans sait que le système actuel d'administration n'a rien de commun avec l'autonomie ».

Le troisième accusé, Antoine Snaczky, a également fait une déclaration en faveur de l'autonomie, et le plus intéressant, c'est qu'il s'est référé au président Masaryk :

« Il est hors de discussion que, pour les pays où cohabitent plusieurs nations, la forme la meilleure de l'Etat est la forme fédérative. C'est d'ailleurs l'opinion du président de notre république ; Masaryk, à la page 576 de son livre sur « *La Révolution Mondiale* » dit : « Dans toutes les républiques, le principe fédératif et autonomiste triomphe ; cela ressort de l'essence même de la démocratie ; la démocratie signifie la liberté, donc, l'autonomie la plus large ».

Et ce que pensent les chefs, les simples soldats du parti autonomiste le pensent aussi. Lorsque M. Ivanka et ses amis se répandirent en menaces, menaçant d'emprisonner, après les chefs, les autres autonomistes, la rédaction du *Slovak* répondit en ces termes:

« Que cela soit! Nous regrettons seulement que ce pays ne possède pas une Sibérie, où on pourrait déporter les Slovaques. Nous serions heureux d'y aller, afin que chacune de ces déportations ait son écho dans le monde, afin que chaque cas isolé prouve au monde qu'il y a dans l'Europe centrale un Etat qui est rempli d'argousins politiques et de leurs associés, un Etat où l'on achète des témoins, pour mille couronnes, contre les personnages incommodes, où l'on torture les témoins pour les forcer à déposer contre Tuka, où l'on frappe les gens comme des bœufs, afin de leur faire signer des procès-verbaux dictés d'avance, afin que le monde sache qu'il y a ici un Etat où l'on jette en exil toute une nation ».

Nous terminerons cette série de citations par les paroles de Hlinka, qu'il a écrites immédiatement après la condamnation de Tuka dans le *Slovak*, mais qui furent biffées par le censeur tchèque:

« Pour défendre l'honneur de Tuka foulé aux pieds, toute l'armée des électeurs se dressera, et se dresseront aussi les organisations

« Orel » et « Omladina », ainsi que la « Ra-
dobrana » pour laquelle Tuka est en prison et
souffre. Le jugement des juges n'a point, dans
nos yeux, avili ni sali Tuka. A partir de maintenant, nous le respecterons davantage. Et les
yeux du peuple se sont ouverts aussi. Il voit
clairement maintenant que l'autonomie est
un programme tellement sérieux et nécessaire
que, pour le défendre, nous allons volontiers
en prison, nous supportons volontiers les persécutions et même le poignard des assassins.
Sans l'autonomie, ni notre langue, ni notre
sort ne sont assurés. Sans l'autonomie, nous
sommes livrés aux centralistes et au bon plai-
sir des traîtres cyniques et cruels ».

Dans ces conditions, on ne s'étonnera pas
de voir le plus important des journaux polonais, le *Czas*, parler, non de la défaite, mais
du triomphe de Tuka : « Si les Tchèques pensent qu'ils ont vaincu, parce qu'ils ont frappé
Tuka de quinze années de travaux forcés, ils
n'ont remporté qu'une victoire à la Pyrrhus.
Avant tout, moralement, c'est Tuka qui est
vainqueur, parce qu'on n'a réussi à lui oppo-
ser que des individus vils, alors que les chefs
les plus respectés de la nation sont venus apporter leurs témoignages en sa faveur et que
tout le camp autonomiste s'est déclaré solidai-
re avec lui. Le but principal du procès était de
disperser le camp autonomiste et de faire de
Tuka et de ses compagnons un objet de mépris et de dérision. Or, cette manœuvre a

échoué. Bien au contraire, il a trouvé à ses côtés tout son parti qui, aux dernières élections, il y a quatre ans, a recueilli un demi million de voix. On l'a porté candidat dans la circonscription de Kosice comme tête de liste, et dans sa cellule, il a reçu une avalanche de télégrammes de félicitations envoyés de chaque réunion électorale tenue en Slovaquie. En d'autres termes, Tuka est devenu le meilleur d'entre les quelques milliers de meilleurs fils de la Slovaquie. Ces hommes se solidarisent avec lui, et c'est en cela que nous voyons la défaite de ses ennemis ». (*Czas* du 9 octobre 1929).

CHAPITRE DEUXIEME

METHODES ET MOYENS EMPLOYES PAR LES TCHEQUES DANS LE PROCES DE TUKA

I. TRAITEMENT DES TEMOINS

---

a) L'Inquisition. — Les Tchèques aiment à se vanter d'être un peuple de progrès, moderne de pensée, et leurs écrivains parlent avec un profond mépris du Moyen Age et de son esprit barbare d'obscurantisme. Ils parlent également avec ironie de l'Inquisition du Moyen Age, mais on a récemment appris qu'ils se plaisent à employer contre les Slovaques des moyens inquisitoriaux. Il appert des débats du procès Tuka que plusieurs témoignages à charge furent arrachés aux témoins par la torture; d'autre témoins ont été obligés par des coups à signer des procès-verbaux de déposition composés par les bourreaux tchèques eux-mêmes. Ces ignominies ont été mises en lumière lorsque le jeune témoin slovaque Michel Mraz fut amené à la barre du fond de la prison tchèque de Terezin, afin de déposer contre Tuka. Mraz est âgé de 24 ans, et il était en prison à Terezin parce qu'il était, lui aussi, inculpé d'espionnage. Mraz a signé un procès-verbal qui contient des charges compromettantes contre Tuka.

Le président lui demande:

« Pourquoi avez-vous signé le procès-verbal puisque vous en déclarez maintenant le contenu faux? »

Mraz: « *Le surveillant de la prison, Adolphe Vlach, m'y a obligé; on m'a torturé et menacé de mort, si je ne déposais pas contre Tuka. Tout ce qui est au procès-verbal, j'ai dû l'inventer pour donner satisfaction à ceux qui me battaient et me torturaient de différentes façons; moi aussi, j'aime la vie!* »

Après sa déposition, le malheureux jeune homme supplia le Tribunal, les mains jointes, de faire quelque chose pour lui éviter le retour dans la prison tchèque de Terezin, parce qu'il avait peur d'y être, par vengeance, torturé jusqu'à la mort. La défense adressa à Prague une demande dans ce sens, mais Prague demeura inflexible. Le pauvre Mraz fut donc ramené à Terezin. Dans son désespoir, il creva avec sa tête la vitre du wagon, entre les stations tchèques de Morovany et Dasic, et voulut sauter du train, mais les gardes militaires qui l'escortaient empêchèrent son évasion, et le ramenèrent en prison enchaîné. (*Livodé Noviny* du 3 août).

Un autre témoin, JAKAB, quand le Président lui demanda de quelle façon il avait été amené à déposer, dit:

« M. le Président, j'ai été en prison trois mois et dix jours à Kosice. *Tous les jours, on m'a fait comparaître, on m'a battu comme un bœuf* (sic) *et on m'a forcé à signer le procès-verbal* ».

D. « Et pour quelle raison étiez-vous en prison? »

R. « Jusqu'à présent, je n'en sais rien ».

Et maintenant c'est le tour du témoin Charles STOGER. Son exemple démontre que les Tchèques sont réellement un peuple de progrès, car ils ont réalisé effectivement des progrès énormes dans l'art de l'inquisition... en comparaison avec le Moyen Age. Le Moyen Age ignorait en effet *l'hypnotisme*; or, lesTchèques s'en servent avec succès dans leurs interrogatoires.

Stoger a fourni plusieurs charges à l'accusation en ce qui concerne les relations de Tuka avec les irrédentistes hongrois et avec le bureau d'espionnage de Vienne. Lorsqu'il récusa devant le Tribunal l'ensemble de son témoignage à charge, et qualifia ce témoignage de fantasmagorie, le Tribunal entendit le juge d'instruction tchèque Henzl, devant lequel le témoin avait comparu après les interrogatoires de la police.

LE PRÉSIDENT: « Quelle impression vous a faite l'ingénieur Stoger? Le tenez-vous pour un homme sain et normal? »

HENZL: « J'ai bien vu qu'il était incapable de coordonner librement sa pensée. Il était incapable devant moi de dire cinq mots logiquement liés, et était plus incapable encore de se souvenir des dates. Il n'y a pas longtemps, à Racisdorf, j'ai eu l'occasion d'interroger un certain Chrappa, un prévenu dont on établit plus tard qu'il était fou: *Stoger m'a fait la même impression que ce prévenu* ».

D. « Ne pensez-vous pas que Stoger ait pu être suggestionné? »

R. « Il est visible que Stoger n'était pas capable de réfléchir et il ne put me dire rien de logique. Je l'ai d'ailleurs immédiatement signalé à M. le Procureur ».

D. « Quand vous avez interrogé Stoger, que vous a-t-il dit à propos du procès-verbal de déposition qu'il avait signé à la police? »

R. « *Il a déclaré que ce n'est pas lui qui avait composé le procès-verbal et qu'on le lui avait simplement présenté pour qu'il le signât* ».

D. « Ne vous a-t-il dit qu'il était malade? De quelle façon a-t-il expliqué sa conduite? »

R. « *Stoger m'a dit qu'il avait été sous une coercition physique et psychique et qu'on ne lui avait pas donné à manger toute la journée. Du reste, M. le Président, ni samedi, ni dimanche, cet homme n'a été maître de sa mémoire* ».

En quoi consistait cette « coercition psychique »? C'est ce que le défenseur, M* Ottlyk a expliqué, quand il a signalé que le fonctionnaire tchèque Haban avait collaboré à l'interrogatoire de Stoger. Or, Haban est connu pour avoir l'habitude d'employer les moyens hypnotiques au cours de ses interrogatoires, ainsi qu'il l'a fait par exemple dans le cas d'Elisabeth Lukacs à Kosice. Ce n'est pas sans raison qu'on a fait venir Haban de Kosice à Presbourg pour interroger Stoger.

b) LES MENACES. — L'accusation a voulu contraindre à tout prix le témoin JOSTIAK à déposer contre Tuka et en particulier à fournir des renseignements sur les relations de Tuka avec des officiers étrangers suspects.

M* Galla demande à Jostiak:

« Quelqu'un vous a-t-il persuadé de faire cette déposition? »

JOSTIAK: « Le docteur Ivanka, le dénonciateur de Tuka, m'a écrit pour me faire savoir qu'il avait recueilli différents renseignements sur Tuka; il a appelé mon attention sur le § 7 de la loi sur la Défense de l'Etat, et il m'a demandé de fournir moi aussi des renseignements. J'ai répondu à Ivanka que je ne savais rien. Là-dessus, je reçus de lui une seconde lettre m'assurant qu'il avait de nouveaux renseignements et me promettant de veiller à ce que je n'eusse pas à souffrir de ma déposition. Au début de l'année, je reçus une lettre de l'ancien préfet Moys que je connais depuis longtemps, et qui m'avertissait en ami d'aller immédiatement à la police, car tout délai serait dangereux: *je serais menacé de ruine matérielle et morale et de la perte de mon emploi.* Je demandai à Moys sur l'ordre de qui il m'avait écrit cette lettre, et il me dit que c'était sur l'ordre d'Ivanka. Je n'allai d'ailleurs point à la police, ne sachant rien qu'il fût nécessaire de dire ».

Jostiak ayant refusé de déposer malgré ces menaces, Ivanka et Moys tinrent leurs promesses: Jostiak fut chassé de son emploi et perdit son pain. Il était employé au Radio-journal de Kosice, et ses patrons étaient Ivanka et Moys (*Slovak,* du 22 août 1929).

Le Témoin KODERNAK, qui avait également refusé de déposer contre Tuka, partagea le sort du précédent.

c) LES PROMESSES. — Ce moyen fut employé avec un grand nombre de témoins. Nous ne mentionnerons ici que le témoin HERODES, qui a déposé ainsi:

« Lorsque Jean Kohut dit qu'il avait peur de déposer, l'inspecteur de police tchèque Piskacek lui dit qu'il recevrait une récompense s'il déposait contre Tuka. Il se passa la même chose avec moi. *On m'a promis de me récompenser très richement dans le cas où je ferais une déposition contre Tuka.* Je dois faire remarquer que j'ai communiqué cela par lettre au député Hlinka, lui disant que, s'il faisait des révélations à Prague concernant les méthodes employées par la police dans le procès de Tuka, Prague serait forcé de faire prononcer un non-lieu, car ce serait un terrible scandale. Piskacek me dit qu'il y avait derrière l'affaire de très hauts personnages politiques, mais il ne voulut pas me dire leurs noms. Il *me dit que, si je déposais comme il me le demandait, ces personnages auraient soin de moi et mon avenir serait assuré* ».

d) LA CORRUPTION. — Comme on le sait, l'accusation a même fait venir des témoins de Vienne, notamment un concierge du nom de Hofirek et une gouvernante du nom de Schramm. La tâche de ces témoins était de prouver qu'un bureau d'espionnage avait bien existé à Vienne et que Tuka avait été en relations avec ce bureau.

Mais les témoins trahirent et racontèrent qu'ils avaient été achetés par les ennemis de Tuka. Hofirek avoua qu'il avait reçu 1000 couronnes d'un certain rédacteur, Hanka, qui l'avait découvert, et on sut que ce même Hanka avait promis à Mlle Schramm qu'elle recevrait de l'argent à Presbourg. (*Slovak* du 4 septembre 1929).

e) COMMENT ON INSTRUIT LES TÉMOINS. — A Mlle Schramm, l'accusation avait dévolu le rôle difficile de reconnaître Tuka après six années, de le désigner du doigt et d'affirmer qu'elle l'avait bien vu entrer dans la maison de la rue Koltchitsky dans laquelle fonctionnait le prétendu bureau d'espionnage. Mais il est difficile de reconnaître quelqu'un qu'on n'a vu qu'une fois, six ans auparavant. C'est pourquoi Mlle Schramm avait besoin d'être *instruite:* il était nécessaire de lui montrer quel aspect avait Tuka et où il était assis. C'est ce qui fut fait.

Au milieu des « mouvements divers » du public de l'audience, Mlle Schramm raconta ce qui suit: « Lorsque le rédacteur Hanka, le courrier d'Ivanka, m'amena au Palais de Justice, il me conduisit dans une chambre du second étage (la chambre du procureur d'Etat tchèque, Dr. Novak, le même qui avait dressé l'acte d'accusation contre Tuka) où il y avait un grand nombre de personnes, *et l'une d'entre elles m'expliqua, immédiatement avant ma comparution, que M. Tuka était celui qui serait assis au milieu entre deux autres inculpés* ». Le défenseur, M⁰ Weichherz, fit constater que Mlle Schramm, lorsqu'à Vienne on lui avait présenté la photographie de Tuka, ne l'avait point reconnu, et ne se souvenait pas d'avoir vu l'homme dont on lui montrait la photographie, pénétrer dans la maison. (*Slovak* du 5 septembre 1929).

II. MORALITE DES TEMOINS A CHARGE

Les témoins de l'accusation présentèrent un spectacle lamentable, et au cours du procès, il apparut que c'étaient eux qui auraient dû être assis au banc des accusés. Le journal polonais, *Kurjer Codzienny*, écrivait, le 9 octobre 1929:

« Chacun de nous se souvient de cette sombre galerie d'agents provocateurs sortis de prison que l'accusation fit défiler comme témoins à charge dans la salle d'audience. Chaque habitant de la Slovaquie a le droit de demander: « Sont-ce là les hommes de confiance du gouvernement tchèque? Sont-ce là les hommes dont Prague s'assure les services dans le but unique de pouvoir refuser à la Slovaquie l'autonomie qui lui a été promise à Pittsbourg en 1918? »

Voyons quelques figures de cette sombre galerie.

Nous avons déjà montré Hanzalik rendant de gros services aux révisionnistes hongrois, leur communiquant des renseignements de grande importance et leur racontant les machinations immorales auxquelles Bénès s'est livré devant la Conférence de la Paix. Cet acte n'est pas condamnable en soi au point de vue moral; mais au point de vue de l'Etat tchécoslovaque, c'est une véritable trahison, une collusion avec l'ennemi contre les intérêts de l'Etat. Quelle immoralité profonde d'aller chercher un traître pour accuser un autre homme de trahison! Le même Hanzalik a avoué d'autre part avoir demandé et reçu 10.000 couronnes tchèques de Tuka pour lui livrer le texte de la *clause secrète*. Enfin, Hanzalik a avoué aussi qu'il n'a pas fourni le document promis, mais qu'il a gardé l'argent. Quel gentleman!

Mais c'est Belansky qui s'est montré sous le jour le plus répugnant. Nous avons déjà parlé de lui dans une autre occasion. Il fut prouvé qu'il avait voulu envoyer une fois à Tuka une pâtisserie bourrée de cyanure de potassium afin de se débarrasser de lui et d'hériter de son siège au Parlement! Il comptait sur l'impunité, estimant que, étant l'ami le plus intime de Tuka, personne ne le soupçonnerait de cette infamie.

LE PRÉSIDENT: « Vous prétendez n'avoir rien entrepris pour acquérir un mandat législatif. Et pourtant, vous avez voulu envoyer une pâtisserie empoisonnée à Tuka et l'assassiner de cette façon. Avez-vous fait une déclaration à ce sujet à M. le député Pazman? »

BELANSKY: « J'accorde que j'ai fait une déclaration dans ce sens, mais seulement en termes généraux, faisant allusion au cas de Hofrichter qui s'est produit à Vienne en 1912 ». (Comme on sait, le lieutenant-colonel Hofrichter avait l'ambition d'entrer à l'état-major

autrichien; afin de n'avoir pas trop longtemps
à attendre une vacance, il expédia aux membres de l'état-major des pilules empoisonnées
qu'il représenta comme ayant un effet rajeu-
nissant. Quelques officiers moururent de ces
pilules, plusieurs tombèrent gravement mala-
des).

Nous avons vu plus haut de quelle manière
le témoin à charge Nandor Juriga avait tourné
casaque au point de vue politique. Nous dé-
sirons ajouter ici deux traits seulement au
portrait de cet individu. A l'époque où commença le procès de Tuka, les autorités ecclé-
siastiques suspendirent Juriga de son emploi.
Il était curé, et son évêque, estimant que son
activité était nuisible pour les fidèles, le ren-
voya de sa cure et lui retira ses revenus. Le
Slovak, dans son numéro du 11 août 1929,
qualifia Juriga d'*ivrogne notoire*, et Juriga
n'eut garde de protester. A l'audience, il eut
une attitude dégoûtante, tellement cynique et
tellement vile, qu'un journal hollandais, en
rendant compte du procès, lui consacra cette
simple mention « qu'il valait mieux ne rien
dire de ce témoin, tellement il était répugnant ».

Le digne partenaire de Juriga, c'est Charles
Medveczky. Cet individu acquit des mérites
aux yeux des Tchèques en subtilisant les procès-verbaux, qu'il était chargé de rédiger,
dressés pendant la Conférence de Turciansky
St. Martin où, comme on le sait, les renégats

slovaques tchécophiles firent cette fameuse
Déclaration par laquelle ils nièrent jusqu'à
l'existence de la nation slovaque. Pour l'en
récompenser, Prague lui accorda de l'influence, et grâce à cette influence, il réussit à faire
chasser de sa cure le chanoine Aloys Rudnay
de Bojnice (Bajmocz) et à s'installer à sa place. Il n'employait point le cyanure, mais la
simonie. Le député du parti populaire Joseph Sivak l'accuse ouvertement, dans le numéro du 8 septembre du *Slovak*, d'avoir acquis son emploi et ses revenus par *simonie*,
d'avoir forcé M. Rudnay à démissionner et de
lui avoir assuré, pour qu'il se taise, un « pas
de porte » de cinq cents couronnes par mois.

Sivak a dressé d'ailleurs toute la liste des
crimes de Medvecky, dont nous ne citerons
que quelques points:

« Pour diffamation, Medvecky a été poursuivi par le directeur du domaine de Bojnice,
M. Koloman Bartell, et condamné par le Tribunal de Nyitra à 600 couronnes d'amende.

« Medvecky, au catéchisme, a battu de telle
façon le jeune fils de Jean Miknon que l'enfant eut une hernie et dut être transporté à
l'hôpital de Nyitra.

« Medvecky a battu de telle sorte le fils de
Marie Susek, que l'enfant dut rester alité pendant deux semaines ».

Medvecky a commis des brutalités sembla-
bles sur le fils de Joseph Snirer et sur la fil-
lette de Jean Briadok.

Medvecky a souffleté en pleine église un fidèle du nom de Meciar. Sivak cite toute une liste de fidèles qui sont en procès avec Medvecky, de gens qu'il a ruinés matériellement, de gens qui le maudissent.

Enfin, Medvecky, prêtre catholique, s'associe avec le luthérien Ivanka pour lui fournir des renseignements contre le catholique Tuka, contre Tuka qui a lutté et qui souffre, non seulement pour l'autonomie, mais aussi pour la foi catholique!

Il y a parmi les témoins à charge un certain Ferdinand Kinzelmann, sur lequel les Tchèques ont mené grand bruit. Ce Kinzelmann se dit journaliste, mais, devant cette affirmation, le doyen des journalistes autrichiens, président de l'Union des Correspondants de la Presse Étrangère, M. Léopold Mandl, adressa de Vienne une lettre, datée du 4 septembre 1929, à la rédaction du *Slovak,* dans laquelle il déclare que Kinzelmann est un *aventurier notoire* dont les informations et affirmations doivent être reçues avec la plus grande prudence (*Slovak* du 7 septembre 1929).

Ce sont ces gens et des gens du même acabit que le procureur d'État Boricky fit défiler à la barre comme témoins à charge, *et ce sont les dépositions de ces gens qui ont servi à motiver le jugement draconien rendu contre Tuka.* Tuka lui-même mit en lumière cette honteuse circonstance, reprochant au procureur de tenir compte des dépositions d'individus comme Pavlik et Lénart, « qui n'ont été punis que six ou dix fois ! » Nous ne parlerons ici que du seul Lénart. Tuka dans sa défense réserva au procureur d'Etat la surprise d'un article qui avait paru par hasard dans le propre journal du dénonciateur Ivanka, article consacré à Lénart, et dans lequel on lisait ceci :

« L'ouvrière Marie Novotny a porté plainte contre Lénart, avec lequel elle avait vécu maritalement jusqu'en 1926. Lénart l'a quittée, elle et ses trois enfants, pour se livrer à l'ivrognerie qu'il préférait à sa famille. Lénart ne s'est pas amélioré. L'autre jour, il a rencontré dans la rue un de ses fils qu'il a abandonné, *il a enlevé à l'enfant son paletot, son chapeau, ses livres de classe, et a vendu le tout à quelqu'un pour trois couronnes.* Lorsque la mère lui réclama ces objets, Lénart la menaça de la couper en morceaux et « d'en faire du ragoût ». Donnant suite à la plainte de l'ouvrière, la police a pris des mesures contre l'ivrogne, et, comme il est à craindre qu'il ne mette à exécution ses menaces contre une femme et trois enfants sans défense, elle a décidé de le maintenir en état d'arrestation ». Tel est l'article du *Narodny Dennik.*

Ceux qui ont suivi la presse étrangère et lu les articles parus sur le procès savent quelle indignation et quel dégoût ont soulevé dans le monde ces témoins qu'on a ramassés contre Tuka, cette balayure des bas-fonds sociaux, ce *mob.* Mais l'indignation atteignit son maxi-

mum en Slovaquie. Le *Slovak* se fit l'interprè-
te de toute l'opinion publique slovaque lorsqu'il écrivit:

« Nous nous détournons avec dégoût de ces
méthodes barbares de combat qui consistent
à ramasser des escrocs, des criminels, des
crapules pour tâcher d'anéantir un honnête
homme, un honnête Slovaque dont le seul crime est d'avoir voulu l'autonomie, d'avoir osé
lutter contre l'effroyable centralisme de Prague, et d'avoir voulu rester un bon chrétien
et un croyant ». (29 septembre 1929).

III. CAMBRIOLAGES

L'instruction contre Tuka traîna des mois
entiers, parce qu'il fallait à tout prix trouver
des charges, ce qui est fort malaisé *lorsque
ces charges n'existent pas*. L'accusation, dans
sa triste situation, fit alliance avec des *cambrioleurs*, espérant que peut-être ceux-ci auraient la main plus heureuse et réussiraient
à dénicher quelque chose.

Trois cambriolages furent ainsi commis. Le
premier eut lieu dans la nuit du 12 au 13 juillet 1929 dans les bureaux de rédaction du
Slovak. Les cambrioleurs forcèrent les tiroirs
des rédacteurs, dispersèrent les manuscrits

et causèrent d'importants dégâts. Ce cambriolage fut répété le 3 août, lorsque le coffre-fort de la rédaction fut forcé à son tour. Le *Slovak* du 3 août raconte l'histoire détaillée de ces deux cambriolages. Naturellement, la police tchèque *ne réussit point* à arrêter les criminels !

Ces deux premières expéditions n'ayant donné aucun résultat, on en tenta une troisième. A l'aube du 24 août, on pénétra par effraction dans l'appartement de M. Joseph Sivak, député du parti Hlinka, à Prievidze (Privigye). Sivak, à l'audience, s'était déclaré l'ami intime de Tuka : peut-être trouverait-on chez lui quelque document dont on pourrait se servir contre Tuka ! Aussi l'appartement de Sivak fut-il cambriolé à fond : on démolit même les lits ! C'est en vain qu'on signala cet attentat aux policiers tchèques : la police manifesta par son absence (*Slovak*, 1ᵉʳ septembre 1929).

Nous pensons, par ce qui précède, avoir suffisamment caractérisé les méthodes dont s'est servie, pour briser l'autonomisme slovaque, la « moderne, humaine et démocratique » République tchécoslovaque.

IV. HODZA

Nous avons, plus haut, caractérisé brièvement les témoins de l'accusation, mais nous serions incomplets si nous négligions d'autres protagonistes du procès, auxquels Prague a dévolu un rôle plus important encore que celui des témoins. Chacun sait que la campagne contre Tuka a été inaugurée par Milan Hodza. Cet individu s'est donné, autrefois, pour un grand Slovaque. Par contre, au moment du grand bouleversement, il a traité avec les Hongrois. N'ayant pas réussi, il s'est mis corps et âme au service des Tchèques. C'est lui qui, sur l'ordre de la Maffia tchèque, a falsifié la Déclaration de St. Martin en introduisant dans cette déclaration, avec la complicité de Samuel Zoch, l'affirmation que la nation slovaque était identique à la nation tchèque « même au point de vue linguistique ». Il a rendu un service plus grand encore à Prague en écrivant son livre intitulé « *Rozkol* » dans le but de prouver que la langue slovaque n'est qu'un dialecte de la langue tchèque. Pour le récompenser, on lui donna une chaire à l'Université tchèque de Presbourg. Mais cela ne pouvait suffire à l'ambitieux Hodza. Il s'enrôla dans le parti agrarien tchèque et organisa l'affiliation slovaque de ce parti. Quand on a commencé à appliquer la « réforme agraire » en Slovaquie, un grand pouvoir fut concédé à Hodza dans le but d'assurer une large clientèle au parti agrarien tchèque par la promesse et la donation de biens fonciers. En même temps, il devait ainsi affaiblir le parti autonomiste slovaque. Dans ce rôle, cependant, Hodza commit un si grand nombre d'abus, que Prague fut obligé de le mettre à l'écart. Tout le monde se souvient encore de la soudaineté avec laquelle on le fit démissionner de son poste de Ministre de l'Instruction Publique.

Mais le rôle et la carrière de Hodza ne s'arrêtent pas là. Vient le procès Tuka, et comme conséquence de ce procès, la dissolution du Parlement. Il fallait travailler contre le parti autonomiste par la terreur et par la corruption : or, personne plus que Hodza n'est maître dans l'emploi de ces deux armes. On lui confia donc le soin d'écraser le parti Hlinka. Telle est l'explication de ce fait étrange qu'on vit soudainement apparaître en Slovaquie Hodza, hier « malade » et en disgrâce, et qu'on le vit tout de suite entrer en action. Son premier soin fut de s'arranger de manière à ce que Tuka fut sûrement condamné. Or, Prague avait des doutes concernant l'un des assesseurs, M. Mazal : Hodza alla le voir, et lui promit un domaine provenant de la réforme agraire, « pour le cas où il se conduirait bien », c'est-à-dire s'il votait pour la condamnation de Tuka. Le *Slovak* a publié ces détails, mais le censeur tchèque a estimé nécessaire de supprimer l'article (Odkaz Redakcie, *Slovak* du 4 octobre 1929).

La presse slovaque a déjà annoncé que l'armée tchèque a mis à la disposition de Hodza, pour la durée de la campagne électorale, des autos militaires. En écrivant ces lignes, nous apprenons que Hodza a fait emprisonner M. Jean Farkas, un des membres les plus actifs du parti Hlinka et administrateur du *Slovak*.

Tels sont les hommes dont Prague s'est assuré les services contre la nation slovaque.

V. IVANKA

Le docteur Milan Ivanka a acquis des mérites en ramassant des charges contre Tuka et en portant personnellement plainte contre lui. Quand Tuka écrivit son article sur le *vacuum juris*, ce fut Ivanka qui le premier l'attaqua dans une brochure intitulée: « *Contre l'irrédentisme secret* ». Cette brochure donne l'explication de toute l'attitude de M. Ivanka: il y proclame en effet l'idée « qu'il est lui aussi un élève de Machiavel, que la politique est peut-être bien une chose immorale, et que dans ce cas il peut bien être immoral lui-même, pourvu qu'il soit utile » (p. 14).

VI. LE PROCUREUR D'ETAT,
M. BORICKY

Nous devons dire quelque chose encore de cet individu.

C'est Boricky qui a soutenu l'accusation contre Tuka. Or, Boricky, pendant tout son séjour en Slovaquie, *n'a jamais parlé que le tchèque*.

La Constitution de l'Etat dispose que, sur le territoire de la République, la langue officielle est la « tchécoslovaque ». Ce qui peut avoir plusieurs significations. En premier lieu, on peut comprendre que, sur tout le territoire de la République, il faut employer officiellement la langue tchécoslovaque; mais une telle langue n'a jamais existé et n'existe pas. En second lieu, on peut comprendre qu'on doit employer indifféremment deux langues, le tchèque et le slovaque; mais c'est encore une mauvaise explication, puisqu'en Bohême, l'unique langue employée officiellement est le tchèque. La conséquence logique serait donc que le slovaque doit être employé en Slovaquie. Et le procureur d'Etat Boricky, pendant toute son activité officielle en Slovaquie, n'a employé que le tchèque!

Hlinka attaqua pour ce fait le procureur Boricky, lui reprochant « de ne pas respecter lui-même la loi, puisqu'il n'emploie en Slovaquie, où il se trouve en qualité officielle, que la langue tchèque ». (*Slovak*, 22 septembre 1929).

Le journal du dénonciateur Ivanka (*Narodny Dennik*) porte aux nues l'objectivité, la logique et le sens juridique du procureur d'Etat Boricky. En réponse, le *Slovak* a donné quelques exemples décisifs de ces qualités du procureur, mais le censeur tchèque a empêché ces critiques de parvenir jusqu'au public. Nous nous sommes procuré cet exemplaire censuré du journal, et nous nous permettrons d'en extraire quelques passages seulement, concernant la logique et le sens juridique du procureur Boricky.

D'après l'accusation, Snaczky a livré au bureau d'espionnage de Vienne le secret des moyens employés par l'armée tchécoslovaque pour la défense contre les gaz. Voici comment Boricky établit la culpabilité de l'inculpé: « Snaczky, comme officier tchécoslovaque, a suivi le cours afférent. Donc... »

Il fallait établir le crime d'espionnage à la charge de Mach. Le journal d'Ivanka fait ressortir la merveilleuse logique de Boricky: « Il est évident que Mach a travaillé comme espion militaire, et la preuve est *qu'on a trouvé chez lui* un document militaire secret de la section télégraphique. Ce document contenait un secret important de l'Etat, et seul, un officier supérieur pouvait l'avoir entre les mains.

7

*Mach a remis ce document capital à des puis-
sances étrangères* ennemies de notre pays. »

Splendide logique que celle qui consiste à
affirmer que Mach a *remis* à des puissances
étrangères un document *qu'on a trouvé en sa
possession.*

M. Boricky a un sens tout spécial de la vérité. Il affirme que Mach *a avoué* que le but
de la Rodobrana était de rejeter les Tchèques
hors de Slovaquie; or, il appert des débats
que jamais Mach n'a rien dit de pareil.

Voici un échantillon de l'objectivité de
M. Boricky: « Tuka riait si diaboliquement
dans son âme naïve... »

Enfin, Boricky gentleman! Quand Mᵉ Ottlyk
eut prouvé que Stoger avait été hypnotisé
dans les locaux de la police tchèque, Boricky
eut le front de faire remarquer en souriant:
« Stoger a été hypnotisé par Mlle Holényi... »
C'est là une allusion infâme et inconvenante
à une femme absente, qui, comme intelligence
et comme éducation, est, dit le *Slovak*, de cent
coudées au-dessus de M. Boricky. Mlle Holényi appartient à une des familles les plus dis-
tinguées de Presbourg. M. le procureur d'Etat
tchèque, à court d'arguments, n'a pas hésité à
calomnier une femme distinguée.

VII. LE CENSEUR TCHÈQUE

La tâche spéciale du censeur tchèque est de persécuter sans cesse la presse autonomiste slovaque, de confisquer les journaux du parti Hlinka et d'en effacer les articles désagréables. Il en est ainsi depuis 1918, et nous avons dit ce que M. Hlinka a dit en Amérique de la censure tchèque.

Le procès Tuka a donné au censeur tchèque un surcroît de travail. La presse tchèque eut le droit, dès le début, de multiplier les informations les plus tendancieuses, rédigées dans un esprit hostile à Tuka; la presse tchécophile de Slovaquie ne cessa d'attaquer violemment Tuka et ses amis. En revanche la presse autonomiste était sans cesse confisquée et, si on laissait paraître les journaux, les « blancs » étaient si nombreux que le lecteur était incapable de se faire une opinion nette de la situation. Voici une petite statistique des « blancs » ordonnés par le censeur tchèque pendant le procès pour le seul journal *Slovak*:

1ʳᵉ semaine: en 2 endroits 61 lignes.
2ᵉ semaine: en 12 endroits 141 lignes.
3ᵉ semaine: en 13 endroits 197 lignes.
4ᵉ semaine: en 9 endroits 199 lignes.
5ᵉ semaine: en 5 endroits 378 lignes.
6ᵉ semaine: en 6 endroits 186 lignes.

7e semaine: en 9 endroits 349 lignes.
8e semaine: en 4 endroits 348 lignes.
9e semaine: en 6 endroits 109 lignes.
10e semaine: en 9 endroits 181 lignes.
Au total: en dix semaines, 2.149 lignes en 75 endroits!

Et cela alla ensuite *crescendo*. Depuis la lecture du verdict, la situation, loin de s'améliorer, a empiré. Il fallait en effet cacher au peuple slovaque tout cet ensemble de scandales qui sont liés à la condamnation de Tuka, ainsi que les articles désagréables de la presse étrangère sur la justice tchèque. Le censeur alla si loin dans cette voie qu'il en vint à effacer du *Slovak* des articles qui avaient déjà paru dans la presse tchèque, ainsi, un article du journal de l'ex-ministre tchèque Stribrny, le *Nadelni List*, où il était question du scandale incroyable de la publication anticipée du jugement dans les journaux de Prague.

Lorsqu'enfin le censeur commença à menacer le *Slovak* d'interdiction définitive, Hlinka sentit le moment venu de se plaindre au Président de la République et au ministre de la justice de la folie déchaînée du censeur tchèque. Il adressa à cet effet deux télégrammes dont les textes suivent:

« Au Président de la République
« à Tapolcianky.

« Slovaquie se débat dans des tortures. On a promis liberté personnelle et liberté de presse. Tout est foulé aux pieds. Le journal *Slovak* censuré chaque jour. Sans autorisation censure ne puis même pas adresser un mandement au peuple. Censure biffe articles parfaitement innocents, même ceux qui sont empruntés à la presse tchèque. La démocratie, le libéralisme, la libre discussion sont devenus de vains mots. Je demande aide et assistance afin que les attributs de la liberté ne soient pas supprimés.

« Hlinka ».

« A Monsieur le Ministre de la Justice
« à Prague.

« Le censeur ruine dans le sens le plus étroit du mot le journal *Slovak*. C'est une parodie de la liberté. Ordonnez au censeur de ne pas se jouer de la démocratie et de la liberté de presse. Enfermez-moi, mais laissez la presse libre ! Intervenez énergiquement contre le censeur et empêchez-le de nous nuire.

« Hlinka ».

La censure n'est pas autre chose qu'un moyen, un instrument, entre les mains de Prague, contre l'autonomisme slovaque. Mais Prague n'arrivera pas à son but. Le *Slovak*, qui paraît chaque jour avec des « blancs » impressionnants, écrit:

« Vous pouvez biffer des pages entières dans les journaux autonomistes. Mais vous ne rayerez pas l'idée autonomiste de l'âme du peuple slovaque! » (*Slovak*, 16 octobre).

CHAPITRE TROISIEME

UNE PARODIE DE LA JUSTICE

I. PEU DE SERIEUX DU PROCES ET DU PRONONCE DU JUGEMENT

Le journal *Das Tagebuch* de Berlin a publié le 17 août un article signé de M. Ugolino sous ce titre: « L'en-tous-cas du traître Tuka ». Ce titre seul caractérise bien le manque absolu de sérieux de tout ce procès aux yeux des Allemands, habitués à ce que les procès politiques soient menés chez eux avec gravité et précision. L'auteur de l'article remarque par exemple que les audiences du Tribunal de Presbourg ont été constamment interrompues par des éclats de rire. Ainsi le témoin à charge Hanzalik dit:

« J'ai dit à Tuka qu'il fallait faire voler

l'original de la clause secrète, et que, pour cela, il fallait au moins 10.000 couronnes. Tuka me remit cette somme ».

LE PRÉSIDENT: « Où est l'argent? »

LE TÉMOIN: « Chez moi! » (On rit).

Ce même témoin, à qui le président demande s'il est en mesure de prouver qu'une carte postale a bien été écrite par la personne qu'il accuse, répond: « Je n'ai aucune preuve, mais je l'affirme! » Ces expressions: « je l'affirme... j'ai l'impression que... » reviennent à chaque instant.

Un autre témoin accuse Tuka d'être un ennemi de l'Etat. Quand on lui demande sur quoi il se fonde pour l'affirmer, il répond:« Je n'ai aucune preuve. Mais un jour j'ai dit à Tuka que la balance commerciale de la Tchécoslovaquie était active, et je m'en suis réjoui. Sur le visage de Tuka, je pouvais lire qu'il ne se réjouissait pas et que la chose le laissait indifférent.».

Belansky avoue qu'il a reçu de l'argent des Hongrois. Le Président lui demande: « Comment cela se fait-il? »

BELANSKY: « Oh, c'est comme ça, la politique! » (Tout le monde rit).

Le témoin Briska affirma avoir reçu 500 couronnes tchèques de Tuka « pour soulever les casernes » (On rit).

Le témoin Schwarz accuse Tuka d'avoir, *dès l'âge de sept ans,* lancé des pierres contre les petits garçons slovaques... donc... (On rit).

Mais voici encore Hanzalik. L'avocat lui demande où il s'est procuré les frais de voyage dont il a eu besoin quand il est allé rassembler des charges.

Hanzalik: « C'est mon propre argent. Je gagnais 40.000 couronnes par an ».

D. « Et quelle situation aviez-vous en 1926-1928 ? »

R. « J'étais sans situation ».

D. « Et de quoi viviez vous donc ? »

R. « D'économie ».

D. « Quelle sorte d'économie ? »

R. « D'économie nationale ». (Tout le monde rit).

On vit aussi à la barre quelques témoins sérieux, comme Hlinka, Buday, Sivak, Machacek, Ravasz, Pazman, Polyak, Klimko, députés, mais leurs dépositions ne furent pas prises en considération dans les attendus du jugement. L'accusation et la condamnation ont été uniquement motivées par les dépositions de gens comme Hanzalik, Balansky et Stoger, c'est-à-dire de criminels ou de gens à responsabilité limitée.

Tuka a été condamné au premier chef pour crime d'espionnage. Et comment la culpabilité est-elle motivée par le jugement ? Le jugement dit que Tuka a été en relations avec un bureau d'espionnage de Vienne auquel il a livré des secrets militaires. La question de *savoir au profit de qui il a espionné et quels sont les secrets qu'il a livrés* n'est même pas touchée... L'autre crime de Tuka, c'est d'avoir préparé une révolution en Slovaquie afin de réannexer à la Hongrie cette moitié de l'Etat. Les preuves: Tuka a organisé la « Rodobrana », dont les buts étaient révolutionnaires. Des témoins sérieux, et Hlinka lui-même, ont beau affirmer que la « Rodobrana » n'était que l'organisme de défense du parti Hlinka et que Tuka s'est occupé de son organisation sur l'ordre du parti. Pour prouver que la « Rodobrana » avait un but révolutionnaire, on invoque le témoignage de Kubis qui a entendu *une fois* Tuka dire que la « Rodobrana » avait encore d'autres buts que de tenir des réunions. Mais les audiences n'ont pas réussi à éclaircir le point de savoir quels étaient ces autres buts.

Il serait trop long d'analyser tous les ridicules attendus de ce jugement. Nous nous contenterons de signaler encore un seul point, qui touche directement l'auteur de ces lignes. Il s'agit de cette affirmation du témoin Hanzalik, — à qui d'ailleurs on a refusé le serment, — que Tuka était en relations avec la Hongrie et avec l'émigration slovaque. Le tribunal a admis cette affirmation sur cette seule preuve *que Hanzalik lui a remis deux cartes postales qui lui ont été envoyées de Vienne par le docteur Jehlicka...* Le malheur, c'est que, dans ces cartes postales, il n'est nulle part fait mention de Tuka. Dans l'une, il est question de Snacky; dans l'autre, du journal *Tolnay Viläglapja* avec lequel Hanzalik cherchait à conclure une affaire.

A tout instant, on entendait dans la salle d'audience cette question:

« Savez-vous quelque chose concernant l'action de Tuka contre l'Etat? »

Et cette réponse stéréotypée:

« *Je ne sais rien* ».

Il en fut de même pour Antoine Snaczky, contre qui rien ne fut prouvé. D'une façon générale, tout ce que nous disons ici de la condamnation injuste de Tuka s'applique également à Snaczky, toutes proportions gardées.

Le docteur Joseph Buday, vice-président du Parlement de Prague, a prononcé, le 10 octobre, un discours sur le procès Tuka devant la Commission Permanente de ce Parlement. Il y dit notamment:

« Pendant toute la durée de ce procès, la presse tchèque et tchécoslovaque n'a cessé d'annoncer à grands cris au monde entier: Contre Tuka telle chose et telle autre chose et encore telle autre ont été établies! Mais un public raisonnable ne peut pas se contenter de l'affirmation que quelque chose a été établie contre Tuka: il voudrait des documents et des faits. C'est ce qu'il a attendu en vain. Et même, quand on a cité une soi-disant preuve, cette preuve a été immédiatement démentie par les témoins, non de la défense, mais, entendez bien, DE L'ACCUSATION! C'est ainsi dire que les « preuves » de Belansky ont été détruites précisément par deux témoins que l'accusation a fait venir à grands frais de Vienne ».

La presse étrangère aussi a qualifié de bavardage sans fondement toutes les charges accumulées par les témoins de l'accusation, bavardage qui ne pouvait entrer en ligne de compte dans les attendus du jugement.

C'est pour cette raison que le *Morning Post*, par exemple, a pensé que peut-être les *experts militaires* tchèques avaient apporté au Tribunal des charges sérieuses et complètes, et que c'est sur la base de ces charges qu'un jugement aussi draconien a pu être prononcé contre Tuka et Snaczky. Pourtant, le *Morning Post* se trompe; la tâche des experts militaires n'a pas été d'apporter des charges, mais seulement *de donner leur avis* sur tout ce que le juge d'instruction avait amassé et tout ce que les témoins à charge ont dit dans leurs dépositions. Ceux qui ont assisté aux audiences à huis-clos où on a entendu les experts militaires peuvent prouver qu'il en a été ainsi: ces experts n'ont rien apporté de nouveau, et se sont contentés de donner leur opinion sur ce qui a été apporté par les autres.

Dans ces conditions, nous sommes pleinement en droit de dire que Tuka et Snaczky ont été condamnés sans preuves. Tuka est victime d'un meurtre judiciaire!

II. LA PUBLICATION ANTICIPÉE
DU VERDICT

Chacun sent bien, en Slovaquie, que les maîtres de Prague, les ennemis jurés de l'autonomisme slovaque, ont voulu condamner Tuka *à tout prix* et l'*exécuter* civiquement. Mais cette volonté apparaît avec plus de clarté encore à la lumière de ce fait que LE JUGEMENT ETAIT TOUT PRET, A PRAGUE, BIEN AVANT QUE LE TRIBUNAL DE PRESBOURG L'AIT RENDU, COUCHE PAR ECRIT ET PRONONCE.

En effet, la lecture du verdict a eu lieu à Presbourg le 5 octobre, quelques minutes avant une heure de relevée, MAIS LES JOURNAUX DE PRAGUE ET DE BRUNN EN ONT PUBLIE LE TEXTE TROIS OU QUATRE HEURES PLUS TOT.

Le public presbourgeois n'a pas appris le verdict au Palais de Justice, de la bouche du Président, mais bien par des télégrammes de Prague et de Brünn. C'est la preuve absolue et irréfutable que le jugement avait été préparé d'avance à Prague, et que ce jugement a été rendu tout à fait indépendamment de ce que pouvaient penser les juges légalement désignés pour le rendre. C'est aussi la preuve absolue et irréfutable que ce procès n'était point un procès criminel, *mais bien un procès purement politique :* il fallait condamner Tuka à tout prix, donc on l'a condamné.

L'ancien secrétaire général du parti Hlinka, Paul Machacek, a adressé, au sujet de ce scandale sans précédent, le télégramme suivant au Ministre de la Justice à Prague :

> « Au docteur Mayer-Harting
> « Ministre de la Justice
> « Prague.

Je vous communique respectueusement que, dans le procès du professeur Tuka, le jugement a été publié dans les journaux de Prague dans son texte complet avant même qu'il ait été publiquement rendu. Je suis persuadé que vous ne couvrirez pas un seul instant de votre autorité, devant l'opinion du monde civilisé, cet attentat à l'honneur et à l'indépendance de la Justice.

> « Paul Machacek ».

En même temps, M. Machacek a envoyé un télégramme semblable au Président Masáryk.

Il s'est trouvé un journal tchèque pour parler avec la plus grande indignation de ce scandale politique. L'organe de l'ex-ministre Stribrny, le *Nadelni List*, a écrit ce qui suit :

« C'est hier, à une heure de l'après-midi, qu'on a donné lecture du jugement contre Tuka. Il y a là un symptôme effrayant, qui aura les conséquences les plus graves : le journal

Lidové Noviny, qui paraît à 10 heures du matin, a publié avec quatre heures d'avance le texte de ce jugement. La *Narodni Politikia* a publié le texte du jugement à 11 heures du matin, donc trois heures avant la lecture.

« De quelle façon est-il possible dans un État civilisé que le *Lidové Noviny* puisse publier un jugement quatre heures avant sa lecture, c'est-à-dire au moment où le Tribunal, en chambre du conseil, en discute secrètement les dispositifs ?

« Il y eut une grande consternation en Slovaquie lorsque les gens du parti Hlinka apprirent par téléphone, de Prague et de Brünn, le jugement *quatre heures d'avance.* De quelle façon maintenant fera-t-on croire aux Slovaques que ce jugement n'a pas été dicté de Prague et que nos tribunaux jugent en toute indépendance ? Comment les persuadera-t-on que des influences politiques n'ont pas joué dans ce procès ? »

Ce qui d'ailleurs montre mieux que tout combien les Tchèques se moquaient de savoir si les charges contre Tuka étaient véridiques ou non et qu'ils l'avaient *a priori* condamné d'avance, c'est le texte publié à la page 1993 du 32e cahier de l'Encyclopédie par l'éditeur tchèque B. Kosi (Maly Naucny Slovnik), où nous lisions déjà, UN MOIS AVANT LE VERDICT DE PRESBOURG, cette mention :

Tuka, V., ancien professeur de droit à l'Université hongroise de Presbourg, vice-président et député du parti populaire slovaque. *Condamné pour haute trahison en 1929.*

On a su plus tard que, par deux fois, pendant la discussion du jugement, le président Terebessy a perdu connaissance. Lui, comme juriste, voyait bien qu'il fallait acquitter Tuka et ses amis, parce que les accusations portées contre eux n'avaient aucun fondement. Mais le conseil était en majorité tchèque, et les Tchèques avaient reçu le jugement tout prêt de Prague. Terebessy fut donc obligé de lire ce jugement. Il l'a fait d'une voix tremblante, et de plus, on vit bien QU'IL N'AVAIT PRIS AUCUNE PART A L'ELABORATION DES ATTENDUS, car il ne put les lire couramment.

En rentrant chez lui, Terebessy eut une crise de nerfs.

Les Tchèques du Tribunal étaient moins sensibles... Quant au procureur Boricky, il trouva que quinze ans, c'était trop peu, et il fit appel.

III. LA HONTE DES TCHEQUES

Ce jugement cruel et entièrement injuste a provoqué de très violentes réactions, non seulement en Slovaquie, mais aussi à l'étranger. A Prague même, les éléments tchèques plus raisonnables furent désagréablement surpris. D'ailleurs, les Tchèques ne virent pas d'un très bon œil cette « chasse aux Slovaques », et ils tentèrent dès le début d'en dégager leur responsabilité. Même le procureur Boricky proclama dans son réquisitoire que ce procès n'était pas le procès des Tchèques contre les Slovaques, mais une « affaire interne des Slovaques ». Après la lecture du jugement, on a constaté chez les Tchèques un mouvement unanime de « fuite devant la responsabilité ».

Parmi ces vains efforts, citons celui, réellement extravagant, du journal tchèque *Narodni Politikia* qui n'a pas craint de lancer dans le monde entier cet impertinent mensonge que « parmi les juges qui ont condamné Tuka, il n'y avait pas un seul Tchèque ! » Comme nous le savons, la vérité est qu'il n'y avait pas, parmi ces juges, un seul Slovaque ! Et même, allons plus loin : le juge d'instruction qui instruisit le procès est un certain Linhart, Tchèque. Exclusivement tchèques étaient les policiers qui ont apporté des témoins à charge et rassemblé la documentation du procès. Tchèque encore le premier procureur d'Etat, celui qui dressa l'acte d'accusation, M. Novak. Tchèque, le procureur qui requit à l'audience, Boricky. Tchèques, trois des membres du Tribunal : Havle, Mazal et Necid.

Si on a désigné un Hongrois, M. Terebessy, comme président de ce Tribunal, c'était encore le résultat d'un habile calcul. On a voulu faire croire au monde que le choix d'un président hongrois assurait l'objectivité des débats; devant les Slovaques, on a voulu pouvoir dire: voyez, c'est un Hongrois qui a condamné vos frères! Donc, ce ne sont point les Tchèques qui persécutent les Slovaques, mais les Hongrois. On s'est sans doute imaginé aussi que ni l'étranger, ni la Slovaquie ne s'apercevraient que ce président hongrois était solidement encadré d'assesseurs tchèques, de façon à se prémunir contre toute possibilité d'acquittement de Tuka!

Maintenant, ce jugement est juste, ou il est injuste. S'il est juste, pourquoi les Tchèques en ont-ils honte? Et, s'il est injuste, qu'ils en supportent la responsabilité!

Ce procès et le jugement inhumain et provocateur qui l'a couronné ont blessé jusqu'au sang et définitivement exaspéré toute la population de la Slovaquie. On a fait de la Slovaquie un véritable volcan, qui menace à chaque minute d'entrer en éruption. La politique pantchèque, l'hégémonie tyrannique et l'insondable canaillerie de Prague menacent la paix et la consolidation de l'Europe centrale. Et la responsabilité de tout cet ensemble de circonstances incombe exclusivement et uniquement aux Tchèques!

IV. TUKA, MARTYR NATIONAL SLOVAQUE

Ainsi, les Slovaques ont maintenant un nouveau martyr national. Le docteur Tuka a déclaré: *« Je sacrifie volontiers ma liberté et ma vie pour ma nation slovaque! »* Et il les a sacrifiées. On lui a pris sa liberté, et on la lui a prise pour quinze ans, ce qui équivaut à la mort. Et c'est pourquoi, les Slovaques voient en Tuka leur martyr national. Hlinka lui-même écrit:

« Ce jugement ne nous surprend pas, mais ne nous accable pas non plus. *Toute grande idée doit avoir ses martyrs.* Le christianisme a eu ses martyrs, et l'autonomisme aussi a besoin d'avoir les siens. Trois siècles durant, divers tyrans ont fulminé contre Galilée et contre ses enseignements. Trois siècles durant, la Croix a symbolisé aux yeux des Juifs la honte, aux yeux des païens la sottise, aux yeux des chrétiens la gloire. Et qui a vaincu dans cette lutte inégale? Non point l'épée, non point l'égoïsme, non point l'orgueil et la vilenie, mais la vérité de Galilée! C'est ainsi que vaincra aujourd'hui notre vérité! LA NATION VOIT AUJOURD'HUI EN TUKA SON MARTYR NATIONAL, QUI DEFEND AU PRIX DE SON HONNEUR, DE SA LIBERTE ET DE SA VIE, SA NATION ET SA PATRIE SLOVAQUES ».

Il Lavoro Fascista écrit le 8 octobre:
« Chi conosce un po'da vicino il prof. Tuka, chi conosce il suo grande amore per la sua Slovacchia, chi ha seguito il lungo processo, non puo non trovare parole di giusta indignazione, e contro il governo di Praga e contro la sua giustizia, per l'iniqua condanna pronunciata a carico de quel grande idealista.

« Tuka è stato condannato per alto tradimento a quindici anni di carcere duro, oltre la perdita dei titoli academici. Questa sentenza mette in triste luce chi l'ha ordinata e del condannato fa una vittima, UN MARTYRO.

« La condanna di questo onesto, di questo cavaliere dell'ideale, di questo grande patriota precede ore non liete per la politica intera di Praga. Oggi gli Slovacchi si stringono compatti intorno al lore martire, il cui nome a gia scritta per primo e in caratteri aurei nella lista dei prossimi rappresentanti politici della Slovacchia ».

Les Tchèques savent fort bien ce que signifie un martyr national: aussi tentent-ils par tous les moyens d'enlever à Tuka cette auréole et d'arracher ces lauriers à son front. Boricky, le procureur tchèque, n'a pas eu honte de dire à Tuka « que c'est en vain qu'il essayait de jouer au martyr, car les Slovaques ont eu des martyrs sous le régime hongrois, mais ne peuvent plus en avoir maintenant que les Tchèques les ont libérés! » Nous avons vu de quelle façon les Tchèques ont « libéré » les infortunés Slovaques.

Bien au contraire: jamais il n'y eut autant de martyrs sur la terre slovaque que depuis que s'est établie sur cette terre la domination tyrannique des « frères » tchèques. C'est par centaines qu'ils pourrissent dans les prisons, condamnés à dix ans, à vingt ans, à perpétuité, pour trahison, pour espionnage, des Slovaques dont le monde ignore le nom et le sort parce qu'ils étaient de petites gens et parce que le censeur tchèque a pris soin de garantir l'anonymat de ces humbles martyrs.

Boricky n'est pas seul à comparer les temps du régime actuel avec les temps passés du régime hongrois. Le peuple slovaque le fait aussi. Le docteur Joseph Buday, député du parti Hlinka, a dit, à la séance du 10 octobre dernier de la Commission permanente du parlement de Prague:

« Dans toute la Slovaquie, vous n'entendez que cette seule et même phrase: les Hongrois ne condamnaient les Slovaques qu'à deux ou trois ans, les Tchèques les condamnent à quinze ans! Messieurs, pesez bien en vos consciences ce que signifie une telle phrase!

« Le procès Tuka a empoisonné les relations entre le peuple slovaque et le peuple tchèque, et a creusé entre eux l'abîme le plus profond que l'on puisse constater depuis 1920, lorsqu'on jeta en prison à Mirov le père du peuple slovaque, André Hlinka! »

Tuka ne souffre pas en vain. Son martyre a réveillé le peuple slovaque. Et, ce qui est plus important encore, ce martyre a attiré sur la Slovaquie les regards du monde civilisé, qui n'ignore plus le Calvaire slovaque. Le journal polonais *Czas* a écrit très justement le 9 octobre:

« L'acte d'accusation a reproché à Tuka d'avoir ramené de Paris le mot d'ordre selon lequel les Slovaques doivent crier leurs plaintes et les faire parvenir, par une forte propagande, aux oreilles de l'Europe s'ils veulent que l'Europe les aide. On ignore si Tuka a réellement apporté un mot d'ordre semblable. Ce qui est certain, c'est que les milieux politiques tchèques très influents qui se sont occupés de la mise en scène de son procès ont agi en conformité exacte avec ce mot d'ordre. Qui donc, hors de Slovaquie, connaissait, il y a un an, le nom du professeur Tuka? Combien de personnes, hors des frontières de la Tchécoslovaquie, étaient au courant de l'antagonisme tchécoslovaque et de la lutte des Slovaques pour l'autonomie? Aujourd'hui, au lendemain de ce procès, que la presse non seulement de l'Europe mais aussi de l'Amérique a suivi avec la plus profonde attention, la cause slovaque a un retentissement qu'elle n'a jamais eu jusqu'à présent...

« Jamais les autonomistes slovaques n'ont pu rêver d'un tel succès de propagande... »

Le 9 avril 1930, la Cour d'Appel de Bratislava (Presbourg) a confirmé le jugement du tribunal correctionnel qui condamnait M. Tuka à 15 ans, M. Snacky à 5 ans de travaux forcés.

A l'audience, M. Tuka a prononcé un discours où il a révélé qu'après sa première condamnation, les autorités tchèques lui avaient proposé de se déclarer ressortissant hongrois; cette déclaration aurait été acceptée par ces autorités et il aurait été libéré. M. Tuka refusa d'accepter cette proposition qui l'aurait obligé de quitter la Slovaquie, sa patrie.

Qu'il nous soit permis d'espérer que les nations civilisées d'Europe et d'Amérique, qui connaissent maintenant la tragédie de la nation slovaque, trouveront le moyen de tendre une main secourable à cette nation honnête mais malheureuse et de la secourir contre la canaillerie des tyrans tchèques.

TABLE DES MATIERES

ACHEVÉ D'IMPRIMER
LE 22 AVRIL 1930,
PAR F. CHANTENAY,
IMPRIMEUR A PARIS

9 782329 206110